어디서나 사랑받는 어린이의 소통법

칭찬 초능력

글 정재영
그림 채인화

칭찬력 향상
워크북
수록

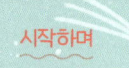
시작하며

칭찬은 왜 초능력일까?

　영화나 동화에 놀라운 초능력자들이 많이 나와요. 초능력자는 빛의 속도로 하늘을 날고 지구를 번쩍 들어 올리고 맘만 먹으면 호랑이나 나비 같은 동물로도 변할 수 있죠. 너무 멋있고 신기해서 부러운 마음이 들 수밖에 없어요.

　그런데 평범한 우리에게도 깜짝 놀랄 만한 초능력이 있다는 걸 아세요? 바로 칭찬 초능력이에요. 칭찬이 왜 초능력인지 궁금하지 않나요? 그 이야기를 함께 해봐요.

　우리나라로 시간 여행을 왔던 스파이더 보이가 칭찬의 놀라운 힘을 직접 경험했답니다.

　지금부터 382년 전 일이에요. 스파이더 보이는 시간 여행을 와서 우리나라의 백두산을 구경하기로 했답니다. 백두산에 오르기 전 배를 채우려고 산자락에 있는 마을을 들렀어요. 그런데 마을 주민들이 백두산에는 두 마리의 호랑이가 산다고 했지요. 둘 다 거대하고 힘이 센데, 한 호랑이는 사람을 닥치는 대로 해치고 다른 하나는 사람을 보호한다고 했어요. 특히 사람을 해치는 나쁜 호랑이는 영리하고 공격적이라고 마을 사람들이 걱정스러운 표정으로 일러줬지요.

스파이더 보이는 맛있게 밥을 먹고 주민들이 싸준 삼겹살 구이 도시락을 허리에 동여매고 산길을 나섰어요. 얼마간 산길을 걷다가 스파이더 보이의 귀에 어흥 하는 소리가 들렸어요. 조마조마한 마음으로 살펴보니 저 멀리 호랑이 한 마리가 보였어요. 집채만 한 덩치에 두 눈은 붉게 빛나서 무서웠지요. 게다가 얼굴에는 여러 개의 흉터가 있었고, 몸통에는 부러진 화살이 몇 개나 꽂혀 있었어요. 틀림없이 힘세고 포악한 호랑이였어요.

스파이더 보이가 외쳤어요.

"야 흉측한 호랑이야. 네가 그 나쁜 호랑이구나. 당장 내 눈앞에서 사라져라!"

호랑이는 어이 상실 상태에 빠졌지요. 처음 보는 스파이더 보이가 다짜고짜 나쁜 말을 하니까 불쾌할 수밖에 없었어요.

사실 이 호랑이는 사람들을 보호하는 착한 호랑이였거든요. 몸통의 화살도 산적들로부터 사람들을 지키려다 맞은 것이고요.

사람을 공격하지 않는 이 착한 호랑이의 마음속에 분노가 불타올랐어요. 외모 평가까지 하면서 스파이더 보이가 자신을 무례하게 비난을 했으니 그럴 만도 했지요.

호랑이는 땅을 박차고 달려가서 스파이더 보이의 엉덩이를 물어 버리려고 했어요. 스파이더 보이는 초능력이 없었다면 거대한 호랑이에게 꼼짝없이 당할 뻔했지요. 거미줄을 나뭇가지에 연거푸 쏘면서 공중을 달려서 겨우 달아나는 데 성공했지만, 나무와 바위를 두부처럼 부수며 쫓아오던 호랑이가 얼마나 무서웠는지 몰라요.

　얼마 후 스파이더 보이의 눈앞에는 또 다른 호랑이가 나타났어요. 역시 몸집이 상당히 컸지만 눈빛이 선했고 얼굴이나 몸에는 흉터가 없이 깨끗했어요. 윤기 있는 털은 색이 곱기도 했지요. 스파이더 보이는 반갑게 인사를 했답니다.

　"네가 착한 호랑이구나. 너처럼 멋있고 매력 넘치는 호랑이는 처음 본다. 너무너무 반가워."

　그런데 그 호랑이는 사람을 공격하는 나쁜 호랑이였어요. 상처 하나 없는 것은 숨어 있다가 급습하는 능력이 뛰어났기 때문이고요. 그날도 호랑이는 스파이더 보이를 저녁거리로 삼으려고 했는데 배고픈 걸 참기로 했어요. 기분이 좋아졌기 때문이지요. 처음 보는 스파이더 보이지만 진심으로 칭찬을 해주니 그렇게 기분이 좋을 수 없었어요. 사실 감동까지 받았지요. 지금까지 호랑이는 매일 미움만 받았거든요. 사람들이 손가락질하고 소리치기만 해서 항상 외롭고 슬펐는데 오늘 거미처럼 생긴 사람에게서 따뜻한 칭찬을 듣고 나니 기뻐서 눈물이 날 지경이었어요.

호랑이는 다가가서 스파이더 보이의 얼굴이 다 젖도록 핥아주고 앞다리로 꼬옥 안아줬어요. 포악한 호랑이가 아니라 한 마리의 귀여운 고양이 같은 모습이었지요. 스파이더 보이가 삼겹살 도시락을 나눠주자, 호랑이는 목이 메어 진심 어린 칭찬을 해주었어요.

"스파이더 보이. 나는 너처럼 다정한 사람을 만나니 무척 행복해."

그 후 칭찬을 해주면 백두산의 못된 호랑이가 착한 고양이로 변한다는 소식이 전국에 널리 퍼졌답니다.

스파이더 보이는 지금까지도 모르지만, 그를 살릴 건 거미 인간 초능력이 아니었어요. 바로 칭찬 한마디가 스파이더 보이의 목숨을 살려줬죠. 그 무섭고 나쁜 호랑이를 칭찬해줬더니, 호랑이는 행복해하면서 착하게 행동했고 진심 어린 칭찬까지 해줬어요. 칭찬 한마디로 호랑이를 착하게 만들었으니, 칭찬도 놀라운 초능력이에요.

호랑이나 사람이나 똑같아요. 받은 것을 돌려주고 싶어 하지요. 따뜻한 사랑을 받으면 따뜻한 사랑을 베풀게 되죠. 또 행복한 칭찬을 들으면 행복한 칭찬을 들려주려는 마음이 생긴답니다.

우리 현실 상황을 가정해서 이야기해 볼까요? 어느 집에 오빠와 여동생이 함께 놀다가 여동생이 화가 났어요. 평소 같으면 소리 지르거나 울거나 물건을 집어 던질 텐데 오늘은 참아냈지요. 그때 가

만히 이야기해봐요.

"화가 났는데도 소란을 피우지 않고 참은 네 모습이 멋있었어. 굉장했어. 너는 아주 훌륭한 아이야."

칭찬을 들은 동생은 행복한 마음으로 결심하지 않을까요? '앞으로도 아무리 화가 나도 폭발하지 말아야지'라고 말이에요. 행복해진 동생은 아마 말할 거예요.

"나를 칭찬해줘서 고마워. 역시 우리 오빠가 최고 좋은 오빠야."

만약 영화의 주인공들이 쓰는 힘이 세지는 초능력이나 동물로 변신하는 초능력을 가지고 있었다고 해도 이렇게 멋진 결과를 만들기는 힘들 거예요.

이번에는 아빠가 맛있는 저녁을 만들어줬다고 해볼까요?

"아빠. 아빠가 만들어준 탕수육이 아주 맛있었어요. 아빠는 요리를 참 잘하세요."

칭찬은 아빠를 기쁘게 할 거예요. 그러면 아빠는 더 맛있는 음식을 만들어주고 싶어지겠지요. 그리고 이렇게 칭찬해주고 싶어지실 게 분명해요.

"맛있게 먹는 너희들 모습이 얼마나 사랑스러운지 너희는 모를 거야."

이렇게 우리 가족을 행복하게 하고 여동생도 변화시키고 못된 호랑이도 고양이처럼 귀엽게 만들 수 있어요. 이게 다 초능력이 있는 칭찬의 힘이지요.

그런데 꼭 기억해야 할 게 있어요. 칭찬은 반드시 진심이어야 해요. 참된 마음으로 칭찬해야지, 거짓된 마음으로 칭찬하면 곧 들통나서 초능력이 힘을 잃게 돼요.

참된 칭찬이 진정한 칭찬이에요. 참된 칭찬을 해야 '칭찬 → 기쁨 → 사랑 → 친절'로 이어지는 '착한 순환(선순환)'이 일어난답니다.

험담과 미움의 악순환

- 내가 친구를 험담하다
- 친구는 기분이 나쁘다
- 불쾌해진 친구가 나를 미워한다
- 친구가 나를 못살게 군다

칭찬과 행복의 선순환

- 내가 친구를 칭찬하다
- 친구는 기분이 좋다
- 행복해진 친구는 나를 좋아한다
- 친구가 나에게 잘 해준다

차례

시작하며 / 칭찬은 왜 초능력일까?　　　　　　　　　　　　　　4

1장 칭찬 초능력 키우기

칭찬 초능력을 얻는 마음가짐 - 긍정적인 생각 -　　　　　16
칭찬 초능력을 사용하는 올바른 방법 - 기분좋게, 행복하게 -　　　24

2장 칭찬 초능력으로 마음을 칭찬하기

따뜻한 마음을 칭찬한다 - 아낌없이 주는 나무 -　　　　　36
선한 마음을 칭찬한다 - 라푼젤 마녀의 후회 -　　　　　41
올바른 마음을 칭찬한다 - 위험에 빠진 걸리버 -　　　　　47

3장 칭찬 초능력 높이기

경청은 감동적인 칭찬이다 - 납치된 늑대 - 56
구체적인 칭찬이 마음을 흔든다 - 사랑에 빠진 인어 왕자 - 62
장점을 찾아서 칭찬해준다 - 슬퍼하는 돈키호테와 피터팬 - 69
반복을 피해서 칭찬한다 - 진심인지 묻는 신데렐라 - 76
칭찬은 사람마다 다르게 해야 좋다 - 어린 왕자의 실수 - 82
과장된 칭찬은 매력 없다 - 예쁘지 않은 야수 - 88
이해도 고마운 칭찬이다 - 싸움을 막은 숲속의 공주 - 94
나와 달라도 칭찬한다 - 코끼리를 놀린 사자 - 100
따뜻한 사랑이 최고의 칭찬이다 - 버림받은 프랑켄슈타인 - 107

4장 칭찬 초능력 주의점

편견을 담은 칭찬은 안 된다 - 유령 같은 고래 모비 딕 - 116
이득을 위한 칭찬은 좋지 않다 - 장화 신은 고양이 - 126
비판을 숨긴 칭찬도 나쁘다 - 헤라클레스와 팅커벨 - 133

1장
칭찬 초능력 키우기

칭찬 초능력을 얻는 마음가짐

- 긍정적인 생각 -

칭찬 초능력을 얻기 위해서는 어떻게 해야 할까요? 어렵지 않아요. 자신의 마음을 밝고 예쁜 생각으로 가득 채우면 돼요. 그러면 자연스레 칭찬 초능력이 발휘된답니다. 어둡고 부정적인 생각을 자기 마음에 담아두면 칭찬 초능력은 힘을 잃어 기분 나쁘고 힘든 꿈을 꾸게 될지도 몰라요.

백설 공주와 왕비의 경험담에서 그걸 알 수 있어요.

가끔 놀이공원에 가거나 길거리를 살펴보면 백설 공주 왕관을 쓰고 드레스를 입고 다니는 사람이 보여요. 우리는 그 사람이 분장했다고 생각하고 대수롭지 않게 여기지요. 그런데 오해일 가능성도 있어요. 백설 공주는 타임머신을 타고 시간 여행을 자주 다니거든요. 어느 봄날에 백설 공주가 왕비와 함께 대한민국의 서울을 방문했어요.

타임머신을 한강 물속에 숨겨놓은 뒤 백설 공주와 왕비는 택시를 잡아타고 시내 한 바퀴를 돌았어요.

외모지상주의에 빠진 왕비가 아니나 다를까 얼굴 평가를 하기 시작했지요.

"사람들 얼굴이 참 별로야. 우리 동네 마녀나 괴물처럼 생긴 사람들이 많네. 나 같은 미인은 전혀 없군. 역시 내 얼굴을 따라올 사람은 없나 봐."

백설 공주는 의견이 달랐어요.

"저기 계신 할머니 얼굴을 보세요. 주름진 얼굴이 기쁨으로 환하고 아름답지 않나요? 거리의 사람들도 예뻐요. 모두 미남 미녀인걸요."

택시에서 내린 후 왕비는 투덜거리기 시작했어요.

"차들이 참 못생겼네. 두꺼비처럼 납작하게 생긴 차들이 많아.

내가 타는 크고 화려한 마차에 비하면 품위도 없고 초라해."

백설 공주의 의견은 반대예요.

"모두 개성이 있어요. 작은 차, 큰 버스, 검은색 차, 하얀색 차. 제 눈에는 모두가 예뻐요. 어떻게 디자인이 이렇게 다양하고 예쁠까 신기해요."

왕비가 벤치에 앉아서 바닥만 보면서 말했어요.

"저 지저분한 하수구 맨홀 뚜껑을 봐. 길바닥에는 시커먼 껌 자국도 너무 많아. 도시 구석구석이 너무 불결해."

백설 공주는 고개를 들고 높은 곳을 봤어요.

"여기저기 피어있는 벚꽃과 개나리가 무척 아름답지 않나요? 저 파란 하늘은 또 어때요? 가슴이 뛸 정도로 예뻐요."

그렇게 왕비는 험담만 했고 백설 공주는 칭찬만 했지요. 왕비는 흉한 것만 찾아봤고 백설 공주는 예쁜 것만 찾아봤어요.

저녁이 되어 두 사람은 타임머신으로 돌아갔어요.

왕비는 투덜거리며 말했어요.

"기분을 망쳤어. 눈만 버렸네. 왜 이런 여행을 했는지 후회된다."

백설 공주는 다르게 말했어요.

"저는 기분이 좋아요. 아름다운 것들을 눈과 마음에 많이 담았어요. 기뻐요."

그날 밤 왕궁의 침실에서 자던 왕비는 가위에 눌려서 비명을 질렸어요. 악몽이었지요. 괴물들이 잠자는 왕비를 둘러쌌어요. 또 마녀는 빗자루를 타고 깔깔거리며 공중에 떠다녔어요. 놀란 왕비가 마차를 타고 왕궁에서 탈출했는데 못생긴 자동차들이 달려와서 앞을 가로막았어요. 마차에서 내려 달아나던 왕비가 넘어지는 바람에 왕비의 비싼 옷에 시커먼 껌딱지들이 들러붙었고 오도 가도 못하고 비명만 지르다 깨어났어요. 왕비는 등줄기에 식은땀이 흐르고 있었지요.

반면 백설 공주는 편하게 잤어요. 예쁜 할머니, 예쁜 사람들, 예쁜 자동차, 예쁜 꽃들이 백설 공주의 꿈을 장식했으니 행복한 꿈이 아닐 수 없었어요.

왕비는 비난의 여왕이에요. 잘못이나 문제를 논리적으로 지적하는 건 비판이에요. 비판은 필요한 것이고 나쁜 게 아니에요. 비판은 잘못을 바로잡아주기 때문이죠. 하지만 비난은 나쁜 거예요. 비난은 나쁜 점 잘못된 점만 보면서 말하는 것이기 때문이에요. 비난을 하면 내 눈에는 흉한 것만 보이고, 마음속에도 흉한 것이 가득 차게 돼요. 그래서 마음도 오염된답니다. 그리고 마음이 불안해지고 무서워져요. 악몽을 꾼 왕비처럼요.

반면 칭찬을 하면 내 눈에 아름다운 것만 보이고 마음속은 아름다운 것이 가득해지죠. 마음이 밝아지고 늘 행복하고 기뻐져요. 달콤한 꿈을 꾼 백설 공주처럼요.

이번에는 현실로 돌아와 좀 냄새나는 예를 들어볼게요. 일곱 살 동생이 자기도 모르게 방귀를 뽕 하고 뀌고 말았어요. 냄새까지 나니까 열 살 형은 화가 났죠.

"왜 더럽게 방귀를 뀌니? 너는 남 생각은 아예 안 하니?"

형은 화를 내며 기분이 나빠졌고, 실수한 동생도 주눅이 들고 말았죠.

그런데 엄마는 방귀가 싫지 않았어요. 방귀의 좋은 점도 봤기 때문이죠.

"방귀가 나와줬으니 참 다행이다. 방귀는 참 착해. 우리 아이들 속을 시원하게 만들어주니까, 엄마는 방귀가 사랑스럽기까지 해. 하하하."

엄마는 방귀가 아이들 배를 편안하게 해준다며 오히려 방귀를 고맙게 여기고 칭찬까지 해줬어요. 긍정적으로 생각하니까 방귀 냄새도 그리 싫지 않았던 거죠.

이번에는 아주 유명한 시를 예로 들어볼까요. 어느 날 남매에게 엄마가 시를 보여줬어요. 윤동주 시인의 「서시」예요. 초등학생이 이 시를 차분하게 끝까지 읽을 수 있다면 천재일 거예요. 그럼 마음을 가다듬고 읽어볼까요.

죽는 날까지 하늘을 우러러

한 점 부끄럼이 없기를,

잎새에 이는 바람에도

나는 괴로워했다

별을 노래하는 마음으로

모든 죽어 가는 것을 사랑해야지

그리고 나에게 주어진 길을

걸어가야겠다

오늘 밤에도 별이 바람에 스치운다

시를 읽은 어린이는 둘로 나뉘어요. 어떤 어린이는 불만을 표하지요.

"왜 이런 어려운 시를 읽어야 해요? 괴로워요. 왜 이런 이상한 시를 읽게 하나요?"

그렇게 나쁘게만 생각하는 어린이는 마음이 어두컴컴해지죠.

반면 밝아지는 어린이도 있어요. 그런 어린이는 시에서 아름다운 것을 찾아요.

"무슨 말인지는 모르겠지만, 아름다워요. 까만 밤하늘에서 반짝거리는 별들이 떠올라요. 시인은 사랑도 깊은 것 같아요."

이 어린이는 칭찬할 점부터 찾았어요. 어린이의 마음이 더 밝아졌지요. 칭찬은 칭찬하는 사람의 마음을 밝고 행복하게 만든답니다.

왕비처럼 비난만 하는 사람은 부정적인 면만 보게 됩니다. 방귀도 불쾌하게 여기고, 아름다운 시에서도 감동을 느끼지 못할 수도 있어요.

그와 달리 백설 공주처럼 칭찬하는 마음을 가진 사람은 복잡한 도시에서도 아름다움을 찾아요. 방귀의 장점도 찾아내고요. 또 어려운 시를 읽은 후에도 마음이 어두워지지 않아요. 칭찬은 내 마음을 깨끗하고 밝게 만드는 힘이 있어요. 정말 놀라운 초능력이에요.

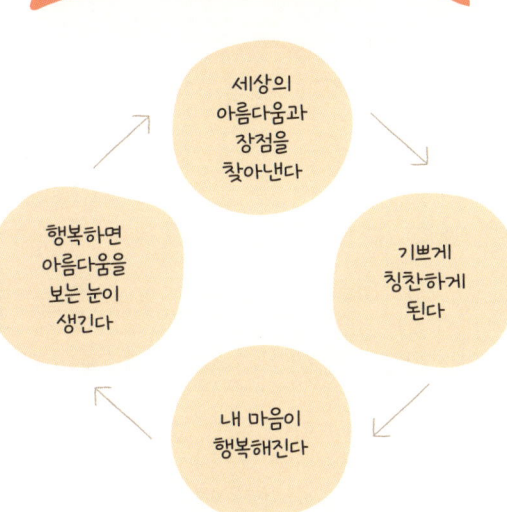

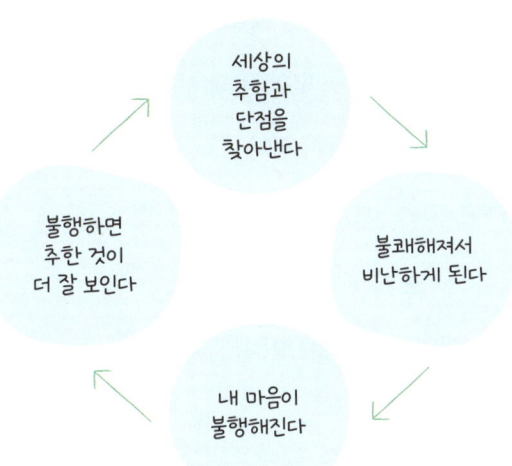

칭찬 초능력을 사용하는 올바른 방법

- 기분좋게, 행복하게 -

 칭찬 초능력은 매우 강력하지만, 올바르게 사용해야 긍정적인 효과를 얻을 수 있어요. 어떻게 하면 칭찬 초능력으로 좋은 효과를 낼 수 있는지 피노키오의 이야기를 통해 설명해줄게요.

 여러분 중에 고래 배 속에서 탈출해본 사람은 아마 없을 거예요. 피노키오는 그걸 경험했지요. 혼자가 아니었어요. 제페토 할아버지와 함께 거대한 고래에게 먹혔다가 가까스로 탈출했답니다.

 고래 배 속은 매우 넓었고, 어둠이 짙게 깔려 있었습니다. 그곳에서 어떻게 탈출할 수 있었을까요?

 피노키오가 생각해낸 방법은 불을 피우는 것이었어요. 고래의 배 속에 있는 나무 조각들을 모아서 태우면 연기가 피어오르고 고래가 그 연기 때문에 재채기하겠지요. 그럼 그 태풍 같은 고래 재채기 바람을 타고 고래 배 속에서 탈출할 수 있다는 게 피노키오 계산이었어요. 그게 보기 좋게 적중했지요.

 기발한 생각을 해낸 피노키오를 어떻게 칭찬하는 게 좋을까요?

그림의 ❶❷ 모두 피노키오를 기쁘게 할 칭찬이에요. 그런데 ❶보다는 ❷가 더 좋아요. '똑똑하다'보다는 '창의성이 뛰어나다'가 정확하기 때문이에요. 무슨 말이냐고요? 아래를 더 읽어보면 알 수 있어요.

학교로 돌아온 피노키오는 선생님을 놀라게 했어요. 무려 작년에 가르쳐준 영어 단어 10개를 정확히 기억하고 있었기 때문이에요. 뭐라고 칭찬해야 할까요?

둘 다 좋은 칭찬이에요. 그런데 ❷처럼 '기억력이 좋다'라고 말하는 게 더 정확해요.

이번에는 피노키오가 어려운 계산 문제를 풀어서 친구들이 놀랐어요. 친구가 뭐라고 칭찬하는 게 좋을까요?

'똑똑하다'보다 '계산 잘한다'가 더 정확하죠. 역시 ❷가 나아요.

어느 날은 학교에 도둑이 들어서 컴퓨터를 가져갔어요. 피노키오가 현장의 발자국만 보고 도둑이 여우라는 걸 알아낸 덕분에 컴퓨터를 되찾을 수 있었지요. 이때 피노키오를 어떻게 칭찬할 수 있을까요?

빈칸에 쓰면 좋은 낱말은 '추리력'이에요. 추리력은 증거를 보고 사실을 알아내는 능력이에요. 피노키오는 증거(발자국)를 보고 사실(여우가 도둑이라는 사실)을 알아냈어요. 피노키오는 똑똑하면서도 추리력이 뛰어난 아이예요.

이번에는 선생님이 어려운 과학 이야기를 했는데, 피노키오는 금방 이해했어요. 피노키오를 뭐라고 칭찬할 수 있을까요?

'이해력'이 좋다고 말하면 돼요. 어떤 어려운 문제든지 원리를 금방 이해하는 친구에게는 이해력이 좋다고 칭찬할 수 있어요. '이해력'이라는 단어가 떠오르지 않으면 어떡하냐고요? '똑똑하다'라고 말해도 물론 괜찮아요.

똑똑하게 생각하고 말하는 친구를 진심으로 칭찬해주세요. 그러면 칭찬 마법이 일어납니다. 칭찬을 들은 친구는 더 열심히 노력해서 더 총명하고 똑똑한 어린이가 될 거예요.

그런데 앞서 봤듯이 똑똑함에는 종류가 많아요. 창의성, 기억력, 계산 능력, 추리력, 이해력이 모두 다 똑똑함에 포함되니까요. 그러니 친구가 정확히 어떻게 똑똑한지 적합한 낱말을 찾아내서 칭찬해주면, 친구는 더욱 기뻐할 게 분명하죠. 예를 들어서 "너 똑똑하다"라는 말은 자주 들어서 밍밍하지만, "너 창의성이 대단하다"는 흔치 않아서 아주 기분이 좋을 거예요.

그런데 똑똑하다는 칭찬보다 피노키오가 더 좋아하는 게 있어요. 바로 애쓴 마음을 칭찬받는 거예요. 애쓴 마음을 알아차려 주고 칭찬해주었을 때 피노키오는 무척 감동받았었어요.

그런 칭찬은 시험 점수를 받은 후에 들을 수 있었지요. 피노키오는 수학을 어려워했는데 그래도 참고 노력했더니 시험 점수가 5점 올라서 55점을 받았어요. 그 사실을 알고 제페토 할아버지가 감동적인 칭찬을 하셨는데 뭐라고 하셨을까요?

피노키오는 55점이 부끄러운 점수라고 생각했는데, 할아버지는 피노키오가 애쓴 마음을 칭찬해주셨어요. 야단맞을까 봐 걱정했던 피노키오는 칭찬을 듣고는 고래 배 속을 탈출했을 때처럼 마음이 밝아졌다고 해요.

우리라도 똑같을 거예요. 예를 들어서 내가 학원에서 시험을 쳤는데 70점을 받았다고 해요. 열심히 공부했지만 시험 문제가 너무 어려웠어요. 이때 엄마가 나에게 뭐라고 말씀하시길 원하게 될까요?

❶은 결과만 보고 하는 말씀이에요. ❷는 결과가 아니라 애쓴 마음에 대한 칭찬이죠. 결과는 100점이 아니지만, 노력한 마음을 칭찬해주는 거예요. ❷가 어린이를 행복하게 만드는 칭찬이에요.

어느 날은 거북과 토끼가 달리기 시합을 했어요. 거북은 최선을 다해 기어갔지만, 토끼는 낮잠을 잤어요. 그런데도 거북이는 우승하지는 못했어요. 거북이 결승점에 가까워진 순간 토끼가 잠에서 깨서 후다닥 달려왔기 때문이에요. 결국, 토끼가 이겼어요. 패배한 거북에게 뭐라고 말해줘야 할까요?

❷가 옳은 칭찬이에요. 1등을 못 했어도 최선을 다했으니, 칭찬받아야 해요. 노력하고 애쓴 걸 칭찬해주는 거죠.

친구들에게 그렇게 칭찬을 해주세요. 1등이 아니더라도 애를 썼다면 박수 치고 칭찬해주세요. 그게 친구를 행복하게 만드는 훌륭한 방법이에요.

칭찬 연습하기 1

1. 나는 수학 공부를 지난번보다 더 열심히 했어요. 그런데 점수가 많이 오르지는 않았어요. 지난번에 70점 받았고 이번에는 75점을 받았을 때 나는 나에게 뭐라고 말해줘야 할까요?

🗣 ①과 ② 중 어떻게 말하는게 더 좋을까요?

🗣 이번에는 내 생각을 써봐요.

👏 차별하지 말아야 해요. 친구를 칭찬하듯이 똑같이 나를 칭찬해야 하죠. 1등이 아니어도 진지하게 노력했다면 나에게 칭찬을 해줘야 마땅해요.

2. 그런데 학습 능력만 응원해야 할까요? 사람의 소중한 능력 중에는 운동 능력도 있어요. 어떤 친구는 빠르고 균형을 잘 잡아요. 그렇게 운동을 잘하는 친구들도 칭찬받을 자격이 있죠. 또 그림을 잘 그리거나 노래를 멋지게 부르는 것도 아주 훌륭한 능력이에요. 이렇게 칭찬해보세요.

> ◯ 예시를 보고 친구에게 해 줄 칭찬을 적어보세요.
> - 너는 노래를 아주 잘하네. 목소리가 아름다워.
> - 너는 춤 실력이 굉장해. 분명히 유명한 아이돌이 될 거야.
> - 네 그림을 보고 깜짝 놀랐어. 고흐의 그림처럼 아름다워.
>
> ◯ 이번에도 내 칭찬을 빼놓으면 안 되겠죠? 나의 예체능 실력도 칭찬해보세요. 일기에 써도 좋고 친한 친구에게 말해도 괜찮아요. 예를 들어서 이렇게 칭찬할 수 있어요.
> - 나는 노래를 잘 불러. 나는 나의 뛰어난 가창력이 자랑스러워.
> - 나는 춤을 출 때 행복해. 자부심도 느껴. 춤 실력은 나의 자랑이야.
> - 나는 그림을 사랑해. 노력해서 훌륭한 화가가 되고 싶어.

3. 거울을 보거나 눈을 감고 나에게 말해주세요.

> - 나는 매일 노력해서 나날이 성장하고 있어. 아주 훌륭한 어린이야.
> - 나는 행복해지려고 항상 애쓰고 있어. 슬픔이나 짜증에 지지 않는 행복한 어린이가 될 거야.
>
> ◯ 나에게 해주고 싶은 말을 더 적어보세요.

2장

칭찬 초능력으로
마음을 칭찬하기

칭찬에는 다양한 방법이 있지만, 그중에서도 특히 효과가 높은 칭찬이 있어요. 그건 바로 마음 칭찬이에요. 친구의 착하고 바른 마음을 참되게 칭찬해주면, 친구는 말할 것 없고 나에게도 기쁜 일이 듬뿍 생긴답니다. 그게 무슨 말이냐고요? 이야기 주인공들이 차근차근 알려줄 거예요.

따뜻한 마음을 칭찬한다

- 아낌없이 주는 나무 -

아낌없이 주는 나무가 있었어요. 소년을 사랑한 나무는 가진 걸 모두 베풀었지요. 소년이 어릴 땐 나무가 그늘을 만들어 놀 수 있는 공간을 만들어 주었어요. 소년이 청년이 되어 돈을 원하자 나무는 열매를 내다 팔도록 허락했어요. 어른이 된 소년에게 집이 필요했을 때는 나뭇가지를 잘라가도 괜찮다고 말했어요. 또 소년이 배가 필요해지자 나무는 몸통까지 잘라서 가져가라고도 했어요. 모든 걸 내어주고 나무는 이제 그루터기만 남았어요. 소년이 걷기도 힘든 할아버지가 되어 나무를 찾았어요. 나무는 소년이 그루터기 위에 앉아 쉬도록 해주었어요.

아낌없이 주기만 하는 고마운 나무를 만난다면 어떻게 칭찬할 수 있을까요?

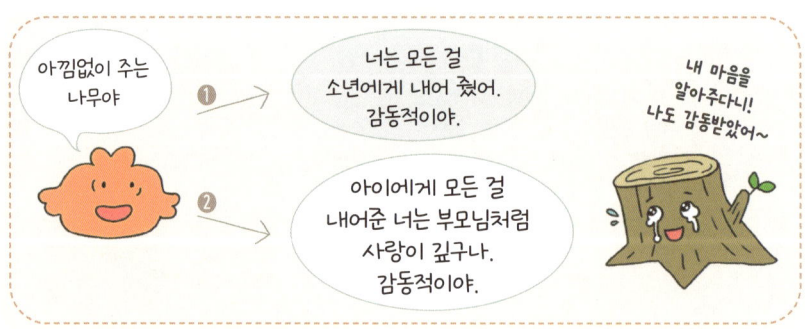

❶과 ❷ 어느 것이든 괜찮지만 ❷가 나무에 더 큰 감동을 줄 거예요. 왜냐하면, 나무가 소년을 사랑하는 마음을 구체적으로 칭찬했기 때문이에요.

사랑하는 마음을 칭찬해주면 듣는 사람이 감동하고 행복해져요.

예를 들어서 친구에게 생일 선물을 해줬다고 하죠. 친구가 뭐라고 말하면 내 기분이 더 좋을까요?

❷가 더 듣기 좋다고 답할 어린이가 많을 거예요. ❷는 친구의 아름다운 마음에 대해 말했기 때문에 감동이 더 큰 거죠.

부모님에게 감사를 표현할 때도 똑같아요. 예를 들어 스마트폰을 받은 후에는 어떻게 말씀드리는 게 나을까요?

❶이 나쁘다는 것은 아니에요. 하지만 ❷가 더 낫다고 말할 수 있어요. 그건 ❷가 부모님의 따뜻한 사랑을 높이 칭송하는 말이기 때문이에요. 부모님께서 감동하실 칭찬이죠. 장난감이나 옷이나 신발을 선물 받은 후에도 부모님의 따뜻한 마음에 관해 이야기하는 게 좋아요.

동화에는 마음이 따뜻한 사람들이 많이 나와요. 제페토 할아버지, 일곱 난쟁이, 헨젤과 그레텔의 따뜻한 마음은 이렇게 칭찬하면 돼요.

> 👍 제페토 할아버지는 말썽꾸러기 피노키오를 혼내지 않고 스스로 나아지도록 오랫동안 기다려 주셨어요. 할아버지는 인자하신 분이에요.

> 👍 일곱 난쟁이 아저씨들. 여러분은 길 잃은 백설 공주를 보살펴주셨어요. 여러분은 마음이 따뜻하시네요.

> 👍 헨젤과 그레텔, 너희는 너희를 버린 아빠를 용서했어. 너희는 마음이 무척 너그럽구나.

친구들 중에도 마음 따뜻한 아이들이 많아요. 친절하고, 다정하고, 진실하며, 공감할 줄 아는 친구는 이렇게 칭찬하면 돼요.

> 👍 잃어버린 색연필을 네가 같이 찾아 줬어. 너는 참 친절해.

> 👍 매일 아침 만날 때마다 다정하게 인사해줘서 고마워.

> 👍 너는 마지막 떡볶이를 양보해줬어. 너의 진실한 우정에 감동했어.

> 👍 내가 슬플 때 네가 다독여줬어. 너는 공감 능력이 뛰어난 친구야.

칭찬 연습하기 2

1. 남을 칭찬하듯이 나 자신도 칭찬하면 외롭지 않고 슬픔도 줄어들어요. 남들만 칭찬하지 말고 나 자신도 듬뿍 칭찬해줘야 하는 거예요. 나에게 어떤 따뜻한 마음이 있는지 적어봐요. 예를 들어서 다정하거나 진실하거나 너그러운 마음이 나에게 있는지 곰곰이 생각해보는 거예요.

2. 거울을 보거나 눈을 지그시 감고 나에게 이렇게 말해보세요.

- 내 마음은 따뜻해. 내 마음은 포근해. 나는 따뜻하고 포근한 마음을 가진 어린이야.
- 나는 친구들에게 다정하게 말하고 행동하려고 해. 나는 다정한 친구가 되고 싶어.
- 나는 사랑받고 있어. 부모님과 친구와 강아지가 나를 사랑해. 따스한 사랑이 나를 행복하게 해. 나는 아주 행복한 어린이야.

💭 나에게 하고 싶은 말을 더 적어 보세요.

선한 마음을 칭찬한다

- 라푼젤 마녀의 후회 -

누구에게나 착한 마음이 있어요. 햇빛을 받으면 식물이 예쁘게 자라듯이, 마음도 칭찬을 받아야 예쁘게 자라납니다. 칭찬을 들으면 착한 마음이 쑥쑥 자라요.

라푼젤을 가둔 나쁜 마녀에게도 착한 마음이 있었어요. 라푼젤을 구속한 게 내내 마음에 걸렸지요. 자기가 나쁜 사람이라는 양심의 꾸짖음이 가끔 들렸고요. 결국, 마녀는 깊은 고민에 빠졌어요.

"이제라도 라푼젤을 탑에서 풀어줘야 하지 않을까?"

마녀가 라푼젤에게 물었어요.

"너 혹시 탑에서 나가고 싶니?"

라푼젤도 마녀에게 착한 마음이 조금은 있다는 걸 알았어요. 라푼젤이 마녀에게 뭐라고 답하는 게 좋을까요?

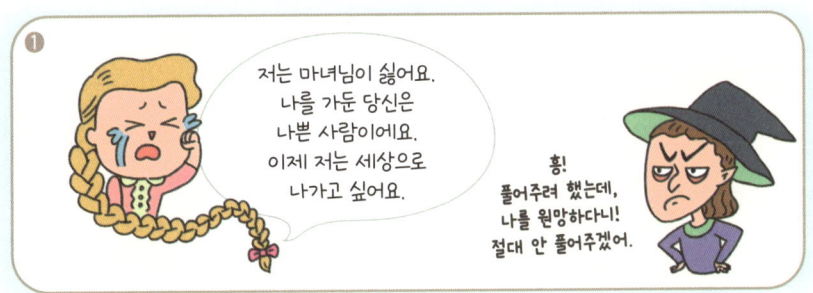

❶은 사실이에요. 라푼젤을 탑에 가둔 마녀는 잘못을 저지른 사람이에요. 그런데 ❷도 조금은 사실이에요. 아무리 나쁜 사람에게도 착한 마음이 조금은 있기 마련이니까요.

진심이라면 ❷가 훨씬 나아요. 착한 사람이라는 칭찬을 들은 마녀는 뭉클할 것이고 마음이 열릴 수 있어요. 그게 아니라 ❶처럼 비난하면 마녀의 마음이 차갑게 식어서 열 수 없게 되지요.

누구나 마음 한구석은 착해요. 어떤 사람은 착한 마음이 크고 누구는 작고요. 그런데 착한 마음은 크건 작건 칭찬을 해주는 게 좋아요. 그래야 쑥쑥 자라지요. 착하다고 칭찬하면 그 사람은 더욱 착한 사람이 된답니다.

생활 속의 예를 통해 생각해봐요. 매일 나를 괴롭히는 동생이 어느 날 내 손에 있는 빵을 나눠 먹자고 해요. 뭐라고 말하는 게 좋을까요?

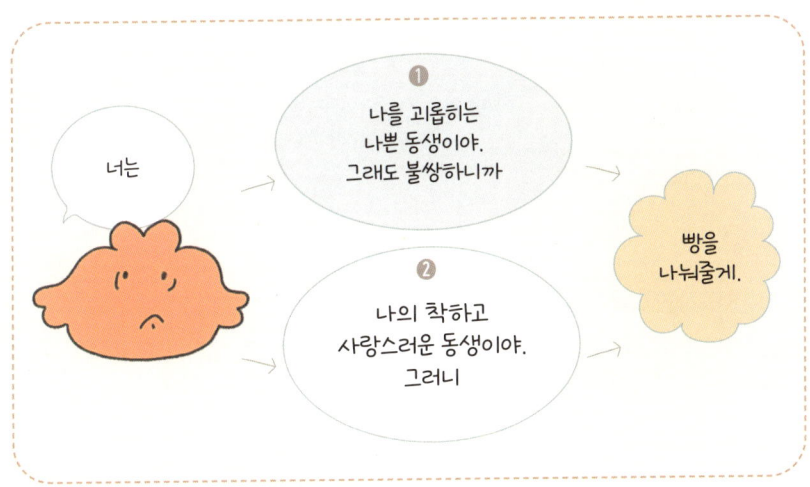

가끔 얄밉게 구는 동생에게도 착한 마음이 있어요. 동생에게 아주 착하다고 칭찬해주세요. 동생은 기뻐하며 착한 행동을 더 많이 하려고 노력할 거예요. ❷처럼 칭찬하지 않고 ❶처럼 나무라면 동생은 빵을 다 먹고 다시 심술궂은 동생으로 돌아갈지도 몰라요.

동생과 빵을 나눠 먹고 있는데 밖에서 엄청나게 소리가 났어요. 알고 보니 동네 뒷산이 화산이었어요. 갑자기 폭발하며 붉은 용암과 시커먼 연기를 토해내기 시작했어요. 동네 사람들이 위험해졌지요. 산 정상에 올라가 보니 용암 마귀가 장난삼아 화산을 폭발

시켰어요. 나쁜 마음이 아니라 순전히 장난이었지만 사람들의 목숨이 위험해졌어요. 마귀에게 뭐라고 하는 게 좋을까요?

거짓이 아니라면 ❷처럼 마귀에게 착하다고 칭찬을 해주는 편이 나아요. 그럴 때 사람들의 생명과 재산을 보호하는 길이 열리지요. ❶은 싸움을 거는 거예요. ❶처럼 비난하면 마귀가 화가 나서 화산이 더 크게 폭발할지도 몰라요.

화산을 진정시킨 후 집에 와보니 아빠가 화가 나 있었어요. 내가 학교에서 친구와 크게 다툰 걸 아빠도 알아버렸거든요. 아빠가 나에게 뭐라고 말씀하는 게 좋을까요?

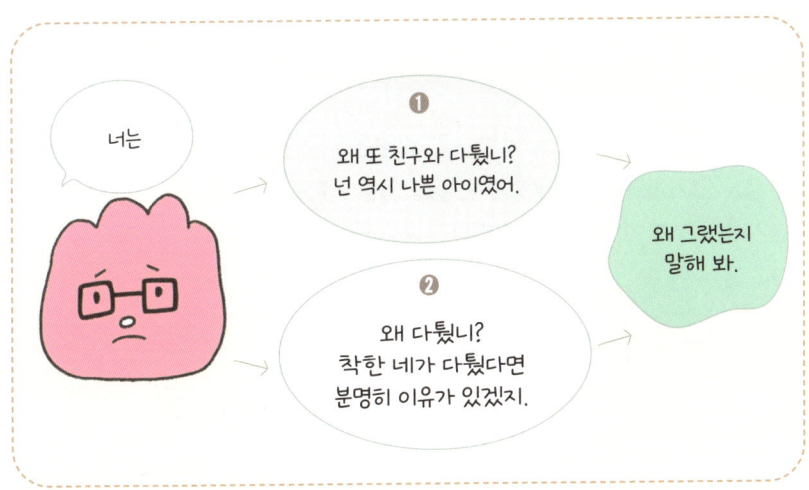

❶은 상처를 줘요. 아빠가 나를 나쁜 아이로 본다면 마음이 다치지 않을 수 없어요. ❷는 달라요. 야단을 치면서도 나를 착한 아이로 믿어주시지요. 감사한 일이에요. 다시는 친구들과 다투지 않아야겠다고 다짐하게 되죠. 믿음이 나의 착한 마음을 키웠어요.

여기서 기억할 게 있어요. 앞에서도 말했지만 모든 칭찬은 진심이어야 해요. 착하다는 칭찬도 진심이 아니면 안 돼요. 거짓된 칭찬은 나와 남을 모두 속이는 일이에요. 그러니까 내가 착한 사람이라고 생각하는 사람에게만 착하다는 칭찬을 해야 옳은 거랍니다.

칭찬 연습하기 3

1. 나는 빨간 모자예요. 나는 할머니 집에 곧장 가라는 엄마 말을 듣지 않고 여기저기 구경을 했기 때문에 늑대에게 큰일을 당할 뻔했어요. 그러면 나는 나쁜 아이일까요? 나에게 착한 마음이 없을까요?

> 🗣: 빨간 모자야!
>
>
>
> 👏: 빨간 모자에게는 착한 마음이 있어요. 할머니 댁에 간 것은 편찮으신 할머니가 기운을 차릴 수 있게 빵과 수프를 가져다드리기 위해서였어요. 착한 마음으로 심부름을 했으니 빨간 모자는 나쁘지 않아요. 빨간 모자는 잘못도 했지만, 칭찬도 받아야 해요. 누구나 자기의 나쁜 점은 인정하고 좋은 점은 스스로 칭찬하는 게 옳아요.

2. 거울 속 내 얼굴을 보면서 이렇게 다짐해봐요.

> 🗣: 나는…
>
>
>
> 👏: 나는 나에게 착한 사람이 될 거예요. 내가 힘들면 내가 가장 먼저 위로해주고 내가 서글프면 내가 앞장서서 웃게 해 줄 거예요. 나는 나의 가장 착한 친구예요.

올바른 마음을 칭찬한다

- 위험에 빠진 걸리버 -

　친구의 올바른 마음을 칭찬하면 친구가 무척 행복해해요. 올바른 마음이란 뭘까요. 바로 바르게 말하고 행동하려는 마음이에요. 소인국에 갔던 걸리버도 올바른 사람이지요.

　1699년 11월 5일 남태평양에서 영국 배가 큰 바위섬과 충돌하면서 부서졌어요. 한 사람만 살아남았는데 그가 걸리버예요. 걸리버가 파도에 떠밀려 간 나라 릴리펏에는 작은 사람들이 살고 있었어요. 어른 키가 15cm밖에 안 됐지요. 집도 나무도 소도 전부 작았어요. 하지만 크기만 작을 뿐 사회 모습은 다를 게 없었어요. 왕과 신하가 있고 백성과 군사가 있었죠. 사람들은 법과 약속에 따라 조화롭게 살았답니다.

　소인국 사람들은 걸리버에게 큰 친절을 베풀었어요. 넓은 건물을 비워서 걸리버가 머물 수 있게 했고 배고프지 않게 맛있는 요리도 해줬어요. 요리는 그야말로 어마어마한 양이었지요. 소인 1,728명이 먹을 음식을 매일 걸리버에게 해주느라 300명의 요리사가 땀을 뻘뻘 흘려야 했어요.

　그런데 소인국에서 즐겁게 지내던 걸리버가 위험을 맞이해요. 왕명을 어겼기 때문이에요.

어느 날 릴리펏의 왕은 걸리버에게 명령했어요.

"적국을 점령할 수 있도록 도와라."

깊이 고민하던 걸리버는 거절했어요.

"죄송하지만 그 명령을 따를 수 없습니다."

명령에 따르지 않자 왕은 크게 분노했고 신하와 장군들도 걸리버를 미워했어요.

걸리버는 왜 적국 정복을 돕지 않았을까요. 그건 적국의 백성들이 불쌍해서예요. 그 나라를 정복하면 그곳 백성들은 노예가 돼요. 노예는 굶주리면서 매일 힘들게 노동해야 하고요. 이웃 나라 사람들을 그렇게 불쌍한 노예로 만들기 싫어서 걸리버는 왕명을 거부했던 거예요.

걸리버는 사람을 사랑하는 올바른 마음을 가졌어요. 하지만 그 마음 때문에 위험해졌지요. 곧 왕과 신하들은 걸리버의 눈을 멀게 만들기로 결정해요. 이를 알아차린 걸리버는 보트를 타고 소인국을 빠져나와 망망대해를 떠돌다가 끝내 고향 영국으로 돌아갔어요.

그런데 걸리버가 빈손으로 소인국을 떠난 건 아니에요. 그는 소와 양 16마리를 주머니에 넣어서 영국으로 가져왔는데 이게 아주 현명한 선택이었어요. 손바닥 위에 올라가는 소와 양은 신기한 구경거리여서 사람들이 구름처럼 몰려왔어요. 또 소인국 동물들은 번식해서 새끼도 많이 낳았지요. 덕분에 걸리버는 큰돈을 벌어 가족에게 좋은 집과 귀한 선물을 사줄 수 있었어요.

여기까지가 『걸리버 여행기』에 나오는 이야기였어요. 걸리버를 어떻게 칭찬할 수 있을까요?

❶은 돈을 많이 벌어서 훌륭하다는 좋은 칭찬이고 ❷는 올바르기 때문에 훌륭하다는 칭찬이에요. 둘 다 좋은 칭찬이죠. 그런데 걸리버는 어떤 칭찬이 더 기쁠까요? ❷가 아닐까요?

사람은 소유물보다는 마음을 칭찬하는 것을 더 좋아해요. 큰돈은 소유물이고 올바름은 마음이죠. 큰돈을 벌었다는 칭찬보다 올바른 사람이라고 하면 더 기분이 좋을 거예요. 걸리버만 그런 게 아니라 우리도 그렇죠.

예를 들어서 친구가 내게 다음과 같이 칭찬한다고 가정해봐요. 나는 어떤 칭찬이 더 좋을까요?

하나만 고르라면 ❶과 ❷ 중에서 어떤 칭찬을 더 듣고 싶을까요? 장난감이나 옷 같은 소유물에 대한 칭찬은 조금 기쁘지만, 올바른 마음에 대한 칭찬은 매우 기쁠 거예요. 그러니 ❷번 칭찬을 원하는 친구들이 많을 거예요.

걸리버도 다르지 않아요. 돈을 많이 벌었다는 칭찬도 나쁘지 않지만, 이웃 나라 백성들을 보호했던 올바른 마음을 칭찬해주면 걸리버는 더 많이 행복할 거예요.

그런데 올바른 마음은 정의로움, 진실성, 성실성 세 가지로 나눌 수 있어요.

동화 캐릭터를 예로 생각해봐요. 남을 돕는 캐릭터는 정의로워요. 거짓말을 하지 않는 캐릭터는 진실하고요. 그리고 자기 일을 열심히 하면 성실하지요. 그런 칭찬을 받은 캐릭터가 여럿 있어요. 『로빈 후드』에 나오는 로빈 후드와 『벌거벗은 임금님』에 나오는 아이와 『개미와 베짱이』에서의 개미를 이렇게 칭찬할 수 있어요.

> 👍 로빈 후드는 나쁜 관리들의 재산을 빼앗아 가난한 사람들에게 나눠줬어. 그는 정의로운 사람이야.

> 👍 그 어린아이는 임금님이 벌거벗었다고 소리 높여 말했어. 그 아이는 거짓말을 하지 않는 진실한 아이야.

👍 개미는 베짱이가 노래 부르며 노는 동안에도 열심히 일하여 겨울 식량을 준비했으니 성실한 동물이에요.

친구 중에서도 올바르게 행동하는 아이들이 있을 거예요. 정의롭고 진실하고 성실한 친구들은 이렇게 칭찬해주면 돼요.

👍 너는 괴롭힘을 당하는 친구를 도와줬어. 너는 참 정의로운 아이야.

👍 시험을 볼 때 너는 남의 답을 훔쳐보지 않아. 계단에서 뛰었던 것도 거짓말하지 않고 솔직하게 말했어. 너처럼 진실한 친구가 멋있어.

👍 너는 일주일에 한 번은 머리를 감겠다는 부모님과의 약속을 어기지 않아. 이제 너에게서 냄새가 안 나. 약속을 꼬박꼬박 지키는 너는 참 성실해.

칭찬 연습하기 4

1. 나에게는 어떤 올바른 마음이 있을까 생각해봐요. 정의로운 마음, 진실을 말하는 마음, 성실한 마음이 나에게도 있을 거예요. 아래처럼 자신을 칭찬해보세요.

나는
- 나쁜 짓을 하지 않는다. 나는 정의롭고 싶다.
- 남에게 거짓말하지 않는다. 나는 진실하다.
- 힘들어도 학원 숙제를 다 한다. 나는 성실하다.

2. 눈을 감고 이렇게 자신에게 조언해봐요.

> 올바른 마음을 가지면 나는 행복해져요. 정의롭고 진실하고 성실한 마음이 나를 행복하게 해요. 악하고 거짓되고 불성실한 마음은 불행한 사람을 만들죠. 나는 올바른 사람이며 나날이 행복할 거예요.

💭 나에게 더 하고 싶은 말을 적어 보세요.

3장

칭찬 초능력 높이기

귀 기울여 듣는 걸 경청이라고 하는데, 경청만 해도 열심히 칭찬해준 것과 다르지 않아요. 또 구체적인 칭찬은 칭찬 효과를 몇 배 높이죠. 그리고 사람마다 제각각 다른 칭찬을 원한답니다. 칭찬 초능력을 한껏 높일 수 있는 비법을 함께 알아봐요.

경청은 감동적인 칭찬이다

- 납치된 늑대 -

먼저 칭찬을 하기 위해 가장 중요한 방법을 알려줄게요. 바로 상대방의 말을 잘 듣는 거랍니다. 상대의 말을 잘 들어줘야 칭찬을 할 수 있어요. 하지만 잘 들어주는 경청 그 자체만으로도 훌륭한 칭찬이 되기도 하거든요. 잘 모르겠다면 외계인에게 납치당한 늑대의 이야기로 자세히 설명해줄게요.

늑대가 외계인에게 납치되었다가 목숨을 겨우 부지하고 탈출했어요. 강에서 기어 나온 늑대가 곧장 달려간 곳은 둘도 없는 절친 토끼네 집이었어요.

"토끼야 무슨 일이 있었냐면…. 내가 며칠 전 밤에 숲속을 돌아다니고 있었는데, 둥근 비행체가 나타나서 눈 부신 빛을 쏘더라. 이상하게 내 몸이 두둥실 떠올라서 빛을 따라서 비행체 안으로 빨려들고 말았어. 잠시 놓쳤던 정신을 차려보니 맛있는 오징어를 닮은 외계인들이 다섯 명이 있었어. 외계인들은 수술대에 나를 눕히더니 한 오징어 외계인이 커다란 메스를 집어 들었어. 나를 해부 실험하려고 했던 것 같아. 나는 이러다가는 죽을 것 같아서 발길질로 외계인들을 차버리고 온몸으로 유리창을 깨고 뛰어내렸어. 나는 정말 죽는 줄 알았는데 다행히 강에 떨어져서 살았고 이렇게 돌아올 수 있었던 거야. 토끼야. 나 진짜 죽을 뻔했어."

늑대는 납치 때 기억이 나서 몸을 오들오들 떨고 눈물도 주르륵 흘리면서 이야기했어요. 토끼는 어떤 태도로 이야기를 들어줘야 할까요?

❶은 성의 없고 ❷는 성의 있어요. ❶처럼 무성의하면 늑대는 기분이 상하지 않을 수 없지요. 목숨을 잃을 뻔한 이야기를 하는데 친구가 건성으로 듣다니 당연히 섭섭하게 느껴요.

늑대 마음을 달래주는 반응은 ❷예요. 토끼가 집중해서 들어주고 진심으로 걱정해주면 무서웠던 늑대 마음도 조금 편안해질 테지요.

집중해서 듣는 걸 경청이라고 해요. 늑대는 무성의와 경청 중에서 어느 쪽을 택할까요? 판단하기 어려운가요? 그러면 자기 일이라고 바꿔 생각해보면 돼요.

나라면 어떨까요. 내가 외계인에게 붙잡혔다는 걸 선생님도 부모님도 믿어주지 않고, 거짓말이라고 야단만 치는 거예요. 서러운 마음을 안고 친한 친구를 찾아갈 텐데, 친구가 나에게 어떻게 말하길 바라나요?

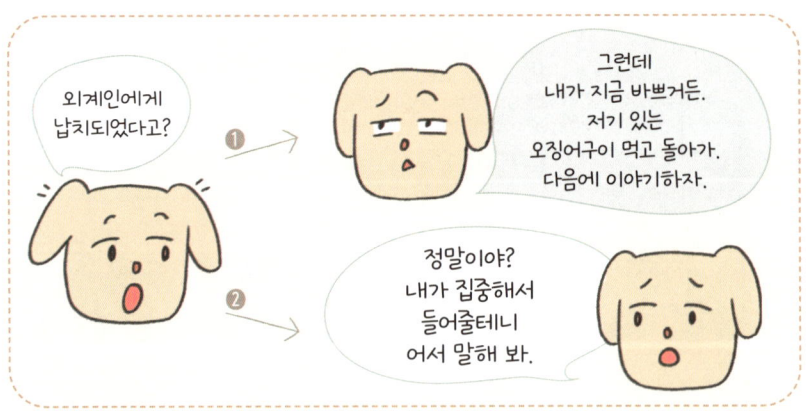

대부분 ❷를 원할 거예요. 경청을 바라지 오징어구이를 원할 친구는 적을 거예요. 늑대도 다를 게 없어요. 맛있는 오징어구이와 경청 중에서 경청을 선택할 가능성이 훨씬 크죠.

경청은 중요해요. 오징어구이나 선물보다 사람들은 경청을 더 원하죠. 그만큼 경청은 기분 좋은 일이에요. 누가 열심히 들어주면 말하는 나는 맛있는 걸 먹는 것처럼 행복해져요.

친구들에게도 그 행복을 선물해주세요.

예를 들어서 친구가 고양이를 입양하게 되었다고 기쁘게 이야기했어요. 나는 어떻게 말하는 게 좋을까요.

❶은 안 되겠죠. 예의에 어긋나는 나쁜 반응이니까요. 이렇게 친구를 대하면 친구들이 하나둘 나를 멀리할 테고 나는 점점 외로워질 거예요.

❷가 경청하는 태도에요. 이렇게 친구를 대하면 친구들이 나를 좋아할 수밖에 없죠. 나와 친구들의 관계는 더 돈독해지고 행복하게 지낼 수 있어요.

몇 가지 예를 더 살펴볼까요.

아빠에게 칭찬을 들었다고 친구가 이야기해주면 "와, 멋진데"라고 감탄한 뒤에 "어떻게 칭찬해주셨어?"라고 물어보세요. 그럼 친구가 더 신나 할 거예요.

부모님께 야단을 맞은 친구에게도 필요한 것은 경청이에요. 내 일처럼 생각하면서 들어준 후에 "이제 어떡할 거야?"라고 물어보세요. 같이 이야기하다 보면 걱정이 줄어들 거예요.

그런데 내가 바빠서 이야기를 들어줄 수 없다면 어떡해야 할까요? 그럴 땐 이렇게 양해를 구해보세요.

"미안해. 지금은 바쁘거든. 내가 20분 있다가 들어줄게. 괜찮겠니?"

칭찬 연습하기 5

1. 내 말을 내가 경청할 수도 있어요. 스스로 자신의 말을 세심하게 들어줄 수 있다는 거예요. 어떻게 하면 내 말을 경청할 수 있을까요?

> 방법은 두 가지가 있어요. 첫 번째는 곰곰이 생각하기예요. 다른 일에 신경 쓰지 않고 내 생각에만 집중해요. 내가 슬픈지 기쁜지 무서운지 희망에 들떴는지 곰곰이 생각하면 내 마음의 소리가 나에게 들려요.
>
> 글을 쓰는 것도 경청 방법이에요. "지금 내 마음은 조금 슬프다. 왜냐하면~"이라고 쓰면 돼요. 또 "오늘은 무척 외로웠다. 무슨 일이 있었냐면~"이라고 쓸 수도 있겠죠. 글을 쓰고 나면 친구에게 솔직하게 털어놓은 것처럼 마음이 홀가분해질 거예요.
>
> 💭 글을 쓰며 지금 내 마음의 말을 경청해 보세요.

2. 어떤 친구와 친하게 지내고 싶을까요?

> 착한 친구, 똑똑한 친구, 운동 잘하는 친구, 노래 잘하는 친구 등 선택 기준은 저마다 다양해요. 하지만 누구에게나 경청하는 친구는 꼭 친해지고 싶은 친구일 거예요. 경청하는 친구는 매일 나를 행복하게 해주니까요. 여러분도 주변 사람들에게 경청하는 친구가 되어주세요.

구체적인 칭찬이 마음을 흔든다

- 사랑에 빠진 인어 왕자 -

잘 들어주는 경청으로 칭찬하는 기초를 익혔어요. 하지만 칭찬을 할 때 꼭 지켜야 하는 것들은 아주 많답니다. 그중 하나가 칭찬을 할 때는 구체적으로 해야 한다는 점이에요. 구체적이지 않은 칭찬은 칭찬 초능력을 약하게 만들거든요. 헷갈리나요? 그렇다면 이번에는 인어 공주의 사랑을 받고 싶은 인어 왕자의 이야기를 통해서 구체적인 칭찬의 중요성을 알려줄게요.

옛날 어느 나라에 귀엽고 착하고 똑똑하고 용감한 왕자가 살고 있었어요. 거의 완벽한 왕자에게 단점이 하나 있다면 사랑에 너무 쉽게 빠진다는 점이었지요. 친구들과 커다란 배에서 생일 파티를 즐기던 그날도 사랑에 빠져버렸어요.

왕자는 밤바다에서 천천히 수영하는 인어 공주의 아름다운 자태를 보고 말았어요. 또 인어 공주가 부르는 아름다운 노랫소리를 들어버렸지요. 1초 만에 사랑에 빠진 왕자는 10초 후에 결혼을 결심하게 돼요. 그런데 왕자에게는 치명적 결점이 있었어요.

"이런 다리를 갖고는 인어 공주와 결혼하는 건 불가능해."

다음 날 왕자는 산속에 있는 마남(마녀 말고)을 찾아가서 간청한 끝에 물고기 꼬리를 갖게 되었어요. 그리고 왕과 왕비와 백성들이 눈물로 말리는 데도 모든 걸 다 버리고 바다로 뛰어들었어요.

인어 왕자는 득달같이 인어 공주에게 가서 친해지려고 시도를 했죠. 어떡하면 친해질 수 있을까요. 최고의 비법은 참된 칭찬이죠.

인어 왕자는 진심으로 칭찬을 시작했어요.

"그날 나는 당신의 노래를 들었어요. 노래가 너무나 정말 진짜 굉장히 아름답더군요. 감동하지 않을 수 없었어요."

"그랬어요?"

인어 공주는 옅은 미소만 지었어요. 기뻐하지 않는 것 같았지요. 인어 왕자는 불안해서 칭찬을 바꿔 말했어요.

"슬픈 멜로디와 바이브레이션이 아름다웠어요. 특히 끝부분의 가성은 가슴을 울리더군요. 감동하지 않을 수 없었다니까요."

"정말이요?"

인어 공주는 활짝 웃었고 눈도 동그래졌어요. 인어 왕자의 칭찬에 정말 감명받은 것 같았어요.

둘 다 칭찬이지만 반응이 분명 달랐어요. 왜 그랬을까요. 두 가지 칭찬을 비교해봐요.

　❶은 아름답다고만 말했고 ❷는 왜 어떻게 아름다운지 이유를 구체적으로 말했어요. ❷처럼 구체적인 칭찬이 사람 마음을 울려요. 반응이 좋을 수밖에 없지요. 인어 공주가 크게 웃으며 기뻐한 것은 ❷가 구체적인 칭찬이기 때문이에요.

자신감을 얻은 인어 왕자는 며칠 후 인어 공주의 아름다운 외모를 칭찬한 후 사랑 고백까지 하기로 결심했어요. 어떻게 해야 할까요? 왕자는 두 가지 칭찬이 떠올랐어요.

❶은 아름답다고만 말하는 칭찬이고 ❷는 왜 아름다운지 이유가 조목조목 구체적으로 설명된 칭찬이에요. 인어 왕자는 구체적인 칭찬을 하기로 결심하고는 ❷로 말했는데 반응이 기대 이상이었지요. 공주가 더없이 기뻐했어요.

"정말이요? 제가 다이어트하지 않아도 아름답다고 생각하세요?"

"무리하게 살을 빼면 더 흉하죠. 저는 인어 공주님의 지금 모습 그대로를 사랑합니다."

인어 공주는 눈물이 그렁그렁한 눈으로 인어 왕자를 한참 동안 바라보았어요. 공주도 사랑을 느끼기 시작했죠. 그렇게 인어 공주와 인어 왕자는 행복한 연인이 되었어요.

구체적인 칭찬이 힘이 세요. 듣는 사람의 마음을 마구 흔들죠. 가능하다면 칭찬은 구체적이어야 해요.

현실의 예를 들어볼까요. 어느 날 엄마가 나에게 물으셨어요.

"너는 엄마가 좋아?"

엄마는 칭찬을 원하고 있는 거예요. 다음 중 어떤 칭찬이 더 나을까요?

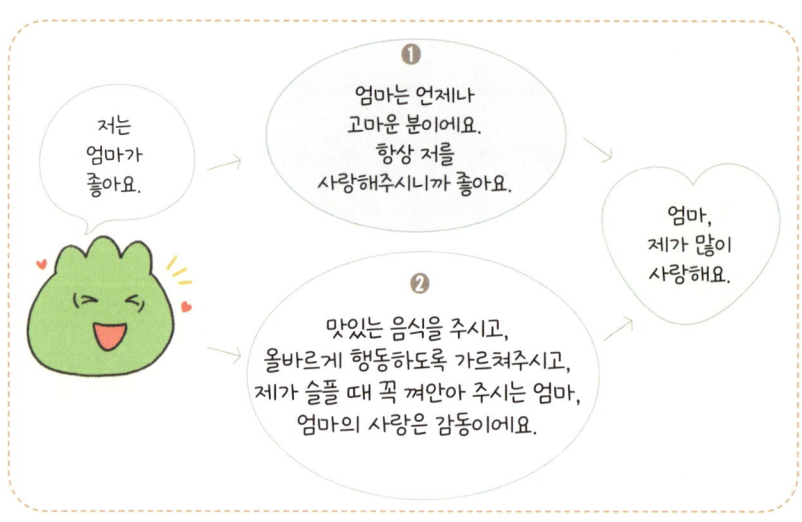

엄마뿐만 아니라 아빠, 할머니, 할아버지 등 모두가 구체적인 칭찬을 들으면 더 크게 감동해요. 물론 친구도 선생님도 다르지 않아요. 칭찬하는 이유를 구체적으로 말해주는 사람이 칭찬의 고수에요.

그래도 잘 모르겠다고요? 구체적인 칭찬 연습은 이렇게 하면 돼요.

👍 "너 좀 전에 강아지를 보고 웃었잖아? 그때 너 참 귀엽더라."

👍 "오늘 티셔츠와 바지 색깔이 잘 어울리네."

👍 "너는 라면 먹을 때 아주 예쁜 소리를 낸다. 알고 있었니?"

👍 "아빠, 3일 연속해서 저와 재미있게 놀아주셨어요. 감사해요."

👍 "엄마, 책 읽어주시는 목소리가 옥구슬 굴러가듯 듣기 좋아요."

칭찬 연습하기 6

💚. 친구들만 칭찬하지 말아요. 그건 공정하지 못하답니다. 나에게 가장 소중한 나 자신도 칭찬해줘야 해요. 그러니 나는 구체적으로 뭘 잘했는지, 장점이 무엇인지 빈 칸을 채우면서 생각해봐요.

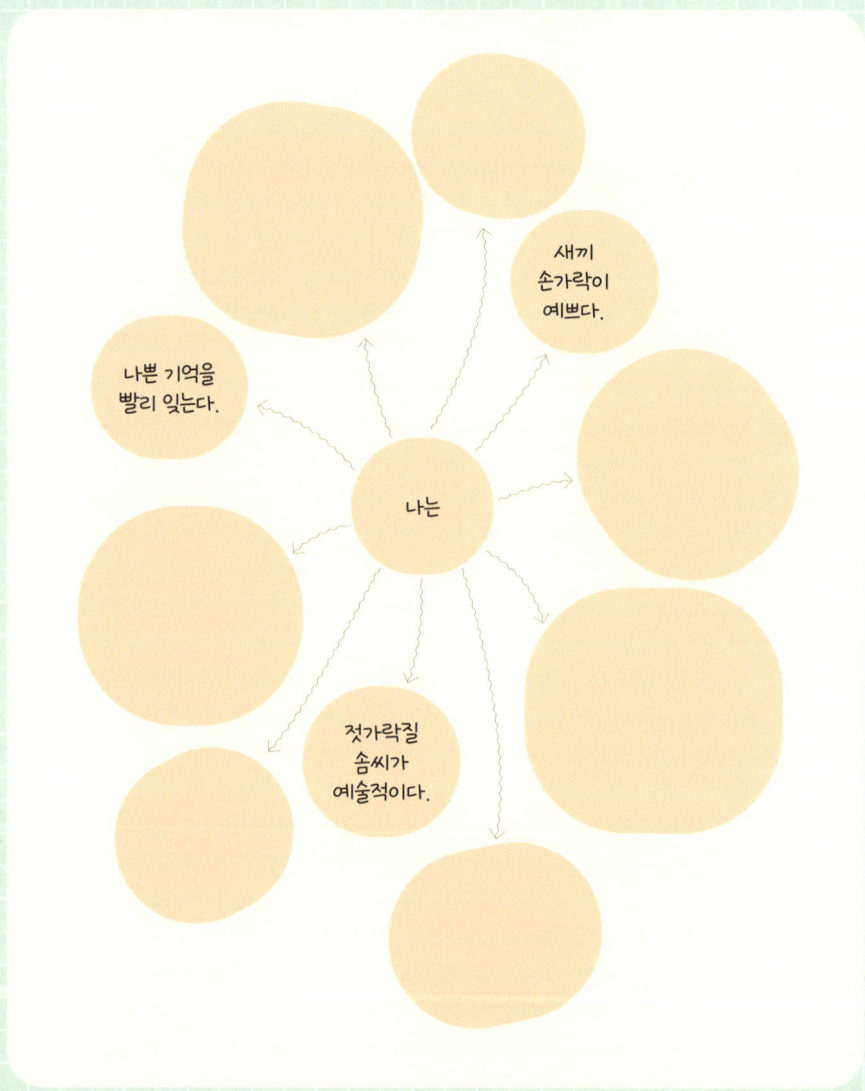

장점을 찾아서 칭찬해준다

- 슬퍼하는 돈키호테와 피터팬 -

영화나 TV, 책에서 말 한마디로 누군가를 뿅 하고 바꾸는 초능력을 자주 보게 돼요. 칭찬도 그런 힘이 있답니다. 칭찬으로 누군가를 뿅 하고 바꾸는 게 가능해요. 돈키호테와 피터팬 이야기를 보며 칭찬으로 사람을 바꾸는 초능력을 알려줄게요.

돈키호테의 눈앞에 거인이 하나 나타났어요. 말을 타고 산길을 가던 돈키호테는 몸이 딱딱하게 굳었지요. 거인은 보통 사람보다 10배는 컸어요. 윙윙 소리를 내면서 팔을 돌리는 모습에 돈키호테는 솔직히 좀 떨렸지요. 하지만 내색하지 않고 짐짓 위엄 넘치게 외쳤어요.

"거인아. 너는 여기서 뭘 하는 게냐?"

거인은 아무 말이 없었고 돈키호테는 화가 났어요.

"왜 아무 말도 없지? 나를 무시하냐?"

거인은 역시 대꾸를 하지 않았고, 돈키호테는 결론을 내렸어요.

"알았다. 네 녀석이 마을을 침략하려는 거구나. 주민들도 해치겠지. 가만둘 수 없다. 이런 나쁜 거인 같으니. 내가 너를 쓰러뜨리고 말겠다."

돈키호테는 말을 달려서 거인에게 덤벼들었어요. 창으로 거인의 팔을 찌르자 거인은 상처를 입은 것 같았어요. 하지만 거인은 너무나 강했지요. 돈키호테는 거인에게 밀려서 바닥에 우스꽝스러운 꼴로 고꾸라지고 말았어요.

잠시 후 정신을 차려보니 돈키호테 주변에서 사람들이 웅성거리고 있었어요. 사람들은 미친 사람 보듯이 돈키호테를 바라봤어요. 사람들 뒤에는 거인이 없었어요. 대신 날개가 여기저기 찢어진 채 빙빙 도는 풍차가 있었지요. 돈키호테는 그제야 알았어요. 자신은 거인이 아니라 풍차와 싸웠던 거예요.

해가 질 무렵 길가에 앉아 있는 돈키호테는 침울한 표정이었어요. 현명하고 친절한 백설 공주가 지나가다가 말을 붙였어요.

"무슨 일인가요? 돈키호테 님."

"공주님. 제가 미쳤나 봐요. 풍차를 거인으로 상상하면서 싸우다가 풍차 날개를 다 찢어놨어요."

"저런. 다친 곳은 없나요?"

"여기저기 멍은 들었지만 괜찮아요. 사람들 마음을 다치게 한 게 더 큰 문제예요."

"마을 풍차를 망가뜨렸으니 주민들이 실망했겠군요."

"제가 사과는 했어요. 고쳐주기로도 했고요."

"사과했고 변상을 하기로 했다면 잘하신 거예요."

"그런데 저는 왜 이러죠? 제가 바보이거나 제정신이 아닌가요?"

이때 백설 공주는 뭐라고 말해주는 게 좋을까요?

❶을 들었다면 돈키호테는 고개를 떨굴 거예요. 반면 ❷는 돈키호테를 힘 나게 한답니다. 칭찬이 들어있기 때문이에요.

돈키호테는 상상력이 너무 풍부한 것도 사실이에요. 고마운 풍차를 사악한 거인으로 착각하고 양치기를 적군이라고 오해한 적도 있으니까요. 또 평범한 농부의 딸을 공주로 생각해서 사랑에 빠지기도 했어요. 그런데 가끔 환상에 빠지는 돈키호테에게도 장점이 있어요. 많은 사람이 이기적이지만 돈키호테는 이타적이란 점이에요. 자신을 희생해서라도 세상 사람을 악으로부터 지키려는 이타심이 강한 사람이 돈키호테랍니다.

❷는 돈키호테의 장점을 찾아서 인정해주는 칭찬이에요. 돈키호테는 기쁘겠죠. 힘도 나서 멋대로 상상하는 버릇을 고칠지도 몰라요.

현명하고 친절한 백설 공주는 다음 날도 산책하다가 이번에는 풀 죽어 터덜터덜 걷는 피터팬을 만났어요.

"피터팬 님, 나쁜 일이 있었나요?"

"공주님. 저는 너무 까부는 것 같아요."

"그게 무슨 말인가요?"

"장난이 심해요. 하고 싶은 말도 가리지 않고 전부 다 해버려요. 그래서 사람들이 싫어하는 것 같아요"

이때 백설 공주가 어떤 말을 해줘야 할까요?

❶은 단점만 지적하는 말이에요. ❶을 들은 피터팬은 슬픔이 더 커지겠죠. 하지만 ❷는 달라요. 피터팬의 장점을 찾아서 이야기해주었어요. 피터팬은 행복한 마음으로 다시 하늘로 날아오를 거예요.

단점이 없는 사람은 없어요. 똑같이 장점 없는 사람도 없답니다. 친구의 숨겨진 장점을 발굴해서 알려주면 훌륭한 칭찬이 돼요. 자신이 단점투성이라고 믿고 힘들어하던 친구는 자기 속에 눈부신 빛이 있다는 걸 깨닫고는 기뻐할 거예요. 또 칭찬해준 사람에게 고마움을 느끼겠죠. 칭찬 덕분에 행복해진 돈키호테와 피터팬은 백설 공주에게 깊이 감사했을 거예요.

이번에는 이런 일을 가정해볼까요. 나는 말수가 아주 적어요. 친구들이 다섯 마디 말을 하면 한마디 할까 말까죠. 안타까운 아빠가 충고하시는데 어떻게 말씀하셔야 내 마음이 다치지 않을까요?

❶은 단점만 지적하는 말이에요. 그와 달리 ❷는 단점이 오히려 장점이 될 수 있다고 알려주지요. 말이 너무 많은 사람보다는 중요한 말만 아껴 하는 사람이 신뢰를 얻기 마련이에요. ❷에서 아빠는 멋지다고 용기를 주고 있어요. 멋진 칭찬이에요.

칭찬 연습하기 7

1. 친구가 나에게 말이 너무 많다고 지적했어요. 지적을 인정한 후에 나의 장점을 내세우려면 뭐라고 말해야 할까요? (물론 아래는 예시일 뿐이에요. 여러분의 솔직한 생각을 담아서 말을 하면 되는 거 알죠?)

> 👏 "맞아. 내가 말이 좀 많지. 하지만 말을 많이 하는 건 그만큼 마음을 많이 나누고 싶다는 거야. 나는 사교적이야. 남과 잘 사귀는 성격이지. 걱정 마. 말을 심하게 하지 않도록 주의는 할 테니까."
>
> 💭 나라면 어떻게 말할까요?

2. 친구가 나에게 겁이 많다는 뼈아픈 지적을 했어요. 뭐라고 대응해야 할까요?

> 👏 "맞아. 내가 겁이 많은 것처럼 보일 수 있어. 하지만 겁이 많다는 건 무모하지 않고 신중하다는 뜻이야. '신중'이 무슨 뜻이냐고? 조심성이 많다고 생각하면 돼. 나는 깊이 생각하고 조심하는 타입이야. 생각 없이 서두르는 것보다야 낫지 않니?"
>
> 💭 나라면 어떻게 말할까요?

3. 아빠가 "너는 남의 눈치를 너무 본다"고 걱정하셨어요. 어떻게 안심시켜드릴까요?

> 👏 "맞아요. 제가 남의 눈치를 좀 보기는 해요. 그런데 그건 배려심이 많아서예요. 남을 위해 마음을 쓴다는 뜻이죠. 세상에는 남의 마음은 신경도 안 쓰고 자기 마음만 생각하는 사람들이 많아요. 저는 달라요. 배려심이 저의 장점인 것 같아요."
>
> 💭 나라면 어떻게 말할까요?

반복을 피해서 칭찬한다

- 진심인지 묻는 신데렐라 -

　칭찬은 멋진 초능력이지만 칭찬이 만능은 아니랍니다. 오히려 과한 칭찬, 반복된 칭찬은 초능력의 힘을 발휘하지 못하게 해요. 신데렐라와 피터팬의 이야기를 통해 반복된 칭찬이 어떤 부작용이 있는지 알려줄게요.

　신데렐라는 친절하고 누구에게나 다정하게 말하는 따뜻한 사람이에요. 그런 성품을 좋아하던 친구 피터팬이 월요일 아침에 신데렐라를 만나 인사를 했어요.
"신데렐라야. 너는 참 친절한 친구야."
"피터팬. 칭찬해줘서 고마워."
　둘은 화요일 아침에도 길에서 만났어요.
"신데렐라야. 너는 참 친절해."
"피터팬, 좋게 봐줘서 고마워."
　수요일 아침에도 만나서 인사했어요.
"신데렐라야. 너는 참 친절해."
"피터팬, 고마워. 그런데 궁금해. 진심으로 칭찬하는 거니?"

피터팬은 진심이었어요. 신데렐라의 따뜻한 심성을 거짓 없이 칭찬했지요. 그런데 신데렐라는 왜 진심이냐고 물었을까요?

답은 쉬워요. 피터팬이 똑같은 칭찬만 반복했기 때문이에요. 사람은 반복을 싫어해요. 아무리 좋은 것도 반복은 못 견디죠.

반복을 싫어하는 건 사람의 특징이에요. 강아지는 똑같은 사료를 줘도 매일 기뻐하면서 먹어요. 사람은 달라요. 라면을 좋아하는 친구에게 아침에 라면, 점심에 라면, 저녁에 라면, 그다음 날에도 라면을 주면 어떨까요? "우웩" 하며 진저리를 쳐도 유별난 게 아닐 거예요.

음식만이 아니에요. 칭찬도 반복되면 틀림없이 싫증이 나요. 그뿐만 아니라 장난인 것 같고 의심스럽게 느껴지지요.

그러니까 같은 칭찬을 반복하면 안 돼요. 칭찬의 표현을 조금씩 바꿔야 하죠. 예를 들어 이렇게 할 수 있어요.

뜻은 같지만, 표현이 조금씩 달라요. 이렇게 칭찬하면 두 가지 이점이 있어요.

첫 번째로 칭찬이 지루해지지 않아요. 조금씩 바뀌니까 듣기 좋고 두 번째로 성의 있게 들리지요. 같은 칭찬을 똑같이 반복하면 성의 없는 칭찬으로 비칠 위험이 있으니 주의하는 게 좋아요.

이제 연습을 해볼까요. 옷을 예쁘게 잘 입는 개구리 왕자를 칭찬하려고 해요. 표현을 어떻게 다양화하면 좋을까요? 예를 들어 이렇게 칭찬할 수 있을 거예요.

이번에는 말솜씨 칭찬을 해보세요. 말을 조리 있게 잘하는 친구를 칭찬하려면 어떡하면 좋을까요?

지금까지 표현을 바꿔가며 칭찬하는 방법을 알아봤는데, 더 좋은 건 여러 종류의 칭찬을 하는 거예요. 예를 들어서 신데렐라에게는 네 종류의 칭찬을 할 수 있어요. 친절하다, 옷을 잘 입는다. 말을 잘한다, 생각이 올바르다고 칭찬할 수 있지요.

이렇게 다양한 칭찬을 하려면 필요한 게 있어요. 바로 관심과 관찰이에요. 신데렐라에게 관심을 갖고 자세히 지켜봐야 여러 가지 장점이 보여서 칭찬할 수 있어요.

그런데 다 알겠지만, 주의할 게 있어요. 칭찬의 첫 번째 원칙을 잊지 말아야 해요. 그건 바로 진실한 칭찬이어야 한다는 거예요. 마음에도 없는 칭찬을 하는 건 옳지 않아요. 거짓말과 다름없기 때문이에요.

칭찬 연습하기 8

💚 매일 거울 앞에서 나에게 칭찬을 해보세요. 소리를 내도 좋고 소리 없는 칭찬이어도 상관없어요. 그런데 내가 하는 칭찬도 반복되면 곤란해요. 지겨워지기 때문이에요. 월요일에서 금요일까지 칭찬을 바꿔가며 이렇게 말해보세요.

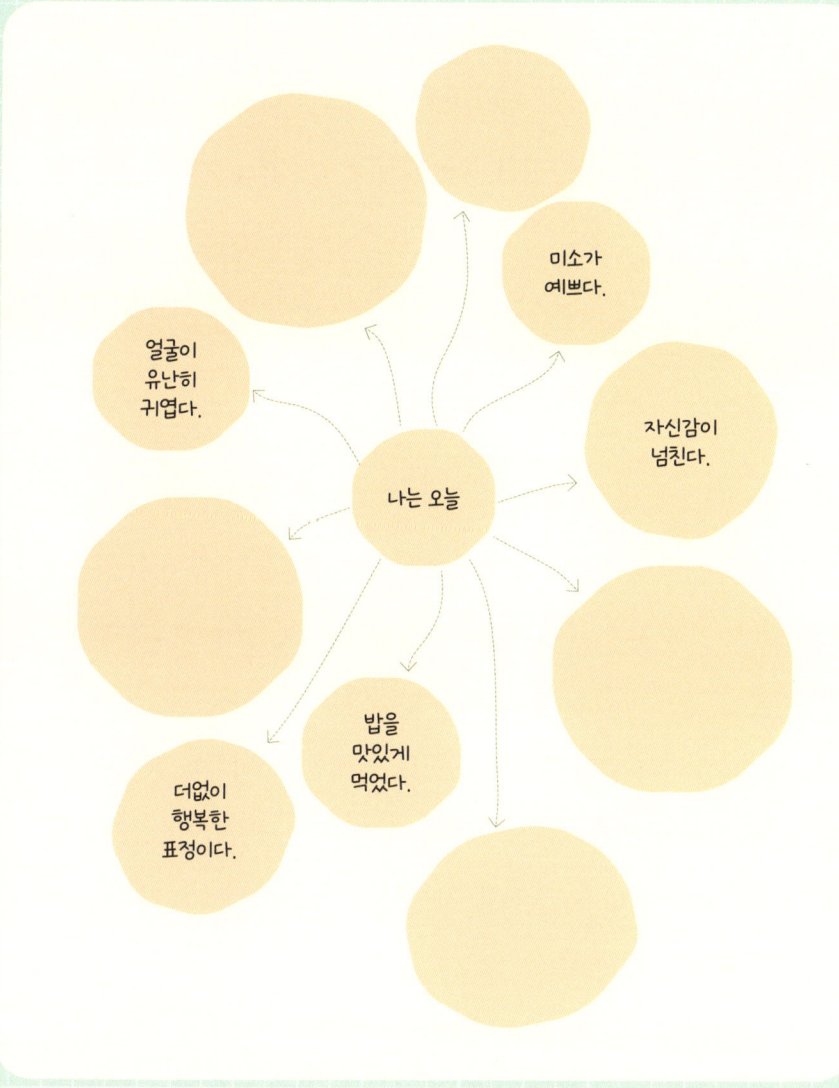

칭찬은 사람마다 다르게 해야 좋다

- 어린 왕자의 실수 -

여기까지 따라왔다면 여러분도 칭찬 초능력에 점점 익숙해졌을 거예요. 다양한 방식으로 칭찬하고 효과적인 방법으로 칭찬해서 사람을 뿅 하고 바꾸는 칭찬 초능력자가 된 거죠. 하지만 중요한 사실을 놓치면 안 돼요. 칭찬은 저마다 다른 방식으로 해야 한답니다. 어린 왕자의 이야기를 통해 사람마다 다르게 칭찬하는 법을 알려줄게요.

어린 왕자가 살던 별 B612는 무척 작답니다. 크기가 집 한 채 정도밖에는 안 되기 때문에 빨리 달리면 몇 초안에 한 바퀴 돌 수 있어요. 별이 작으니까 그곳의 산은 더 작지요. 화산이 셋 있는데 겨우 무릎 높이여서 폴짝 뛰어넘을 수 있어요. 어린 왕자는 장미 한 송이와 함께 자기 별에 살다가 지구로 놀러 와서 여우와 사람을 만났고 높은 산과 예쁜 꽃과 아름다운 사막을 구경했어요. 그렇게 여행하는 동안 두고 온 장미를 자신이 얼마나 사랑하는지 깨닫고는 자기 별로 돌아갔지요.

그런데 이게 『어린 왕자』 이야기의 전부라고 생각하면 오해예요.

책에는 나오지 않지만 아주 중요한 비밀 모임도 있었지요. 어린 왕자가 지구의 훌륭한 동물 셋을 만난 적이 있어요. 그 동물들은 돼지, 거북, 개미였어요.

막내 돼지는 오래 걸렸지만 꾹 참고 벽돌집을 지었고, 거북은 끈기있게 기어서 경주에서 이겼고, 개미는 베짱이가 신나게 노는 동안에도 뙤약볕에서 쉬지 않고 일했어요.

어린 왕자는 이 훌륭한 동물들을 칭찬했어요.

"돼지야. 너는 서두르지 않고 차근차근 벽돌집을 지었어. 정말 인내심이 뛰어나다."

어린 왕자는 그다음 거북을 칭찬하기 시작했어요.

"거북아. 너도 훌륭해. 그 먼 거리를 끝까지 기어서 가다니 너도 인내심이 많아."

잊지 않고 개미도 칭찬했지요.

"개미야. 너도 대단해. 뜨거운 햇볕 아래서 힘들게 일한 너도 인내심이 뛰어나다."

어린 왕자는 진심으로 칭찬을 해줬는데 동물들의 표정이 좋지 않아요. 세 동물 모두 입이 삐죽 나오고 실망스러워하는 눈빛이었어요.

동물들은 왜 칭찬을 들었는데도 기분이 좋지 않았을까요?

그건 모두에게 똑같은 칭찬을 했기 때문이에요. 그게 뭐 어떠냐고요? 남과 똑같은 칭찬을 받으면 기분이 좋을 수 없어요. 똑같은 무늬의 티셔츠를 선물 받은 느낌과 같으니까요.

어린 왕자는 뭐가 문제인지 깨닫고는 다시 칭찬을 해줬어요.

"막내 돼지는 형 돼지들을 집에 데리고 와서 보호해줬지? 넌 인내심도 많고 가족들도 사랑하는 훌륭한 동물이야."

돼지가 활짝 웃었어요.

"그리고 거북은 인내심이 많을뿐더러, 마음이 착해. 나중에 토끼를 진심으로 위로해줬잖아. 아주 멋있어."

거북은 입이 귀에 걸렸어요.

"개미는 인내심뿐 아니라 이타심도 많아. 겨울에 춥고 배고픈 베짱이를 도와줬잖니. 감동적이야."

그렇게 제각각 맞춤 칭찬을 들은 후에야 세 동물의 표정이 해님처럼 밝아졌어요.

같은 칭찬을 여러 사람에게 반복하는 건 좋지 않아요. 성의 없게 들릴 수 있으니까요. 할 수만 있다면 듣는 사람에 딱 맞는 맞춤 칭찬을 해주는 게 좋겠지요.

예를 들어서 백설 공주, 신데렐라, 인어 공주가 꿈에 나타나서 "우리의 장점이 뭐니?"라고 질문했다고 해봐요. 칭찬을 원하는 공주님들에게 어떻게 말해주는 게 좋을까요?

❶은 감동을 주기 어려운 칭찬이에요. 세 사람에게 똑같은 모자를 선물한 것과 같지요. ❷는 각자 좋아하는 세 가지 종류의 모자를 선물한 것과 비슷하지요. 그런 맞춤 칭찬이 더 기분 좋아요.

또 다른 예를 들어볼까요. 선생님이 어린이 친구들에게 칭찬을 했어요.

"철수는 성격이 좋아. 민수도 성격이 나무랄 데 없고 영이도 성격 좋은 거로 빠지지 않지. 모두 훌륭한 어린이들이다."

선생님이 세 명의 친구들 성격이 좋다고 칭찬을 했어요. 칭찬을 들은 철수, 민수, 영이는 기분이 아주 좋을까요, 아니면 조금 아쉬울까요? 선생님이 자신에게 관심이 크다고 느낄까요?

선생님이 이렇게 말씀하셨다면 어떨까요?

"철수는 배려심이 많아서 훌륭해. 민수는 화가 나도 차분하게 표현해서 멋있어. 또 영이는 긍정적으로 생각하는 태도가 장점이야."

이번에는 서로 다른 칭찬을 해주셨어요. 아마 세 명은 각자 맞는 칭찬 받아서 무척 기분이 좋을 거예요. 디자인이 딱 맞는 옷을 선물 받는 기분을 느낄지도 몰라요.

어떻게 해야 맞춤 칭찬을 할 수 있을까요. 답은 간단해요. 좋은 칭찬을 하려면 자세히 봐야 해요. 정말 어떤 장점이 있는지, 무엇을 잘했는지 뚫어지게 바라보는 거죠. 그래야 모두에게 맞는 딱 맞는 맞춤 칭찬을 할 수 있어요. 관심과 관찰이 있어야 맞춤 칭찬이 가능한 거예요.

칭찬 연습하기 9

💟 남들이 내게 해주는 칭찬이 무엇인지 떠올려서 써봐요. 사람들은 저마다 시각이 달라서 칭찬도 다를 거예요. 아래 같은 그림을 그려보면 나의 다양한 장점을 알 수 있어요.

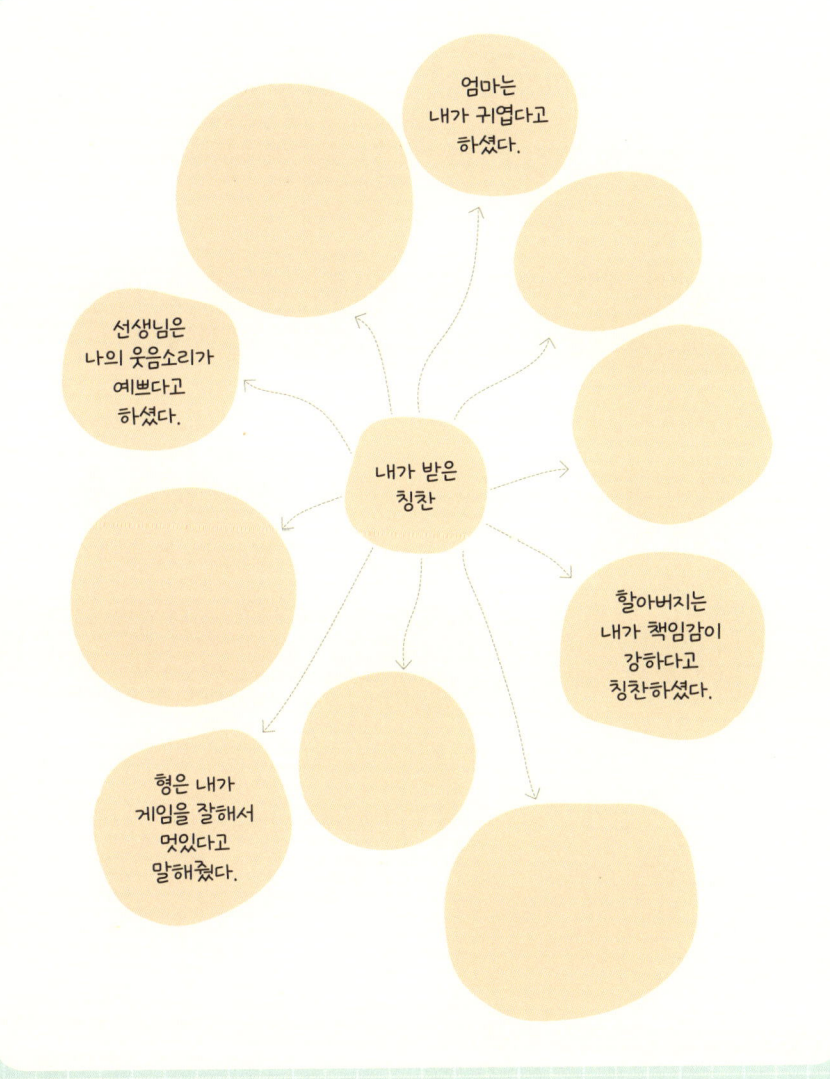

87

과장된 칭찬은 매력 없다

- 예쁘지 않은 야수 -

　여러분은 이제 칭찬 초능력자예요. 그런 여러분이 더 초능력을 잘 사용할 수 있도록 여러 사람을 칭찬하면서 칭찬 초능력을 키워 봐요. 먼저 『미녀와 야수』에 나오는 야수를 칭찬해볼까요?

『미녀와 야수』의 주인공인 야수는 무서운 괴물이에요. 원작 동화에서는 자세한 묘사가 없지만, 디즈니의 애니메이션을 보면 온갖 동물들이 합쳐진 무서운 모습이지요. 들소의 머리와 뿔을 가졌고, 다리와 꼬리는 늑대를 닮았어요. 또 큰 입과 날카로운 이빨과 목덜미 갈기는 영락없는 사자이고, 커다랗고 뾰족한 엄니는 멧돼지의 것이에요. 물론 그와는 다르게 내 마음대로 상상해도 돼요. 어쩌면 야수는 악어의 입과 독수리의 발톱을 가졌을지도 몰라요.
　정확한 모습이 어떻든 분명한 사실이 있어요. 야수는 무섭게 생겼다는 거예요. 갑자기 마주치면 기절할지도 모를 이 야수에게는 어떤 칭찬이 좋을까요?

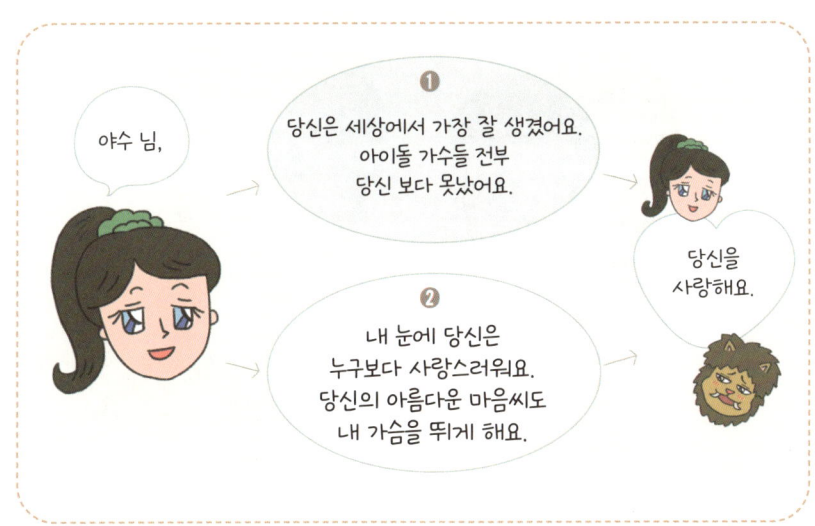

세상에 그 어떤 아이돌보다 야수가 잘생겼다고? ❶은 과장된 칭찬처럼 들릴 수 있어요. 과장되었다는 건 작은 걸 크게 부풀렸다는 뜻이에요. 빵 하고 터지기 직전의 풍선 같지요. 자칫 마음에도 없는 거짓말로 오해받을 수도 있어요.

❷는 외모를 칭찬했지만, 내면의 아름다움도 추켜세웠어요. ❷는 과장이 없어서 진실을 담은 칭찬처럼 들릴 수 있어요. 야수는 아마 자부심과 기쁨을 함께 느끼게 될 거예요.

원작 동화에서 미녀와 야수가 이런 대화를 나눴어요. 먼저 야수가 자신의 외모에 관해서 물었지요.

"내 모습이 흉하지 않나요?"

"나는 거짓말을 하지 않아요. 맞아요. 당신은 흉해요. 하지만 친절한 분이에요."

"친절하면 뭐 하나요. 나는 야수일 뿐인데."

"당신은 친절하고 다정해서, 내 눈에는 야수로 보이지 않아요."

"아니요. 나는 흉측한 괴물이 맞아요."

"세상에는 당신보다 더 괴물 같은 남자가 아주 많아요. 당신이 무섭게 생겼어도 진실하고 친절해서 나는 좋아요. 잘생긴 외모 속에 거짓되고 나쁜 마음을 숨긴 남자는 정말 싫어요."

미녀의 칭찬은 뛰어났답니다. 과장도 거짓도 없이 야수를 기쁘게 했어요. 미녀의 칭찬을 들은 야수는 더 친절하고 정중하게 행동하려고 노력했지요.

이번에는 한 어린이가 친구 때문에 고민이에요. 친구가 풀이 죽었고 자신감을 잃었어요. 왜 그러냐고 물었더니 자기는 단점밖에 없다면서 슬퍼해요. 어떻게 말해야 친구에게 용기를 심어줄 수 있을까요?

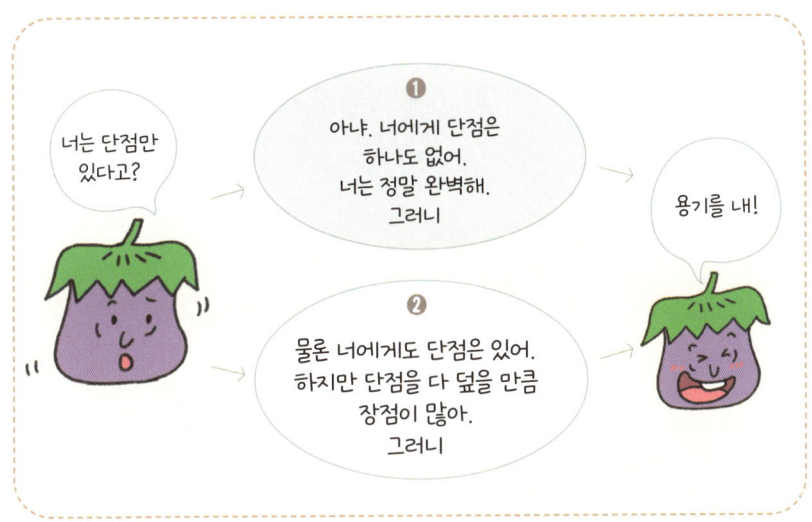

❶보다는 ❷가 나아요. 세상에 단점 없는 사람은 없어요. 장점만 있다면 사람이 아니라 신이겠지요. 그러니까 친구에게 단점이 있다고 인정하면서도 동시에 장점은 더 많다고 칭찬하는 게 더 좋을 거예요.

물론 한없이 과장을 해도 될 때도 있어요. 이를테면 이런 말은 괜찮답니다.

"사랑해요. 엄마가 세상에서 최고예요."
"무척 기뻐. 나는 지금 이 세상 누구보다 행복해"

이런 과장 표현이 괜찮은 것은 재미있고 듣는 이의 기분이 좋기 때문이에요. 모두 알면서 하는 농담처럼 즐기는 과장이지요. 이런 경우는 과장할수록 더 기분 좋아요. 고마운 친구에게는 "고마워. 너는 우주 최고의 친구야"라고 해도 괜찮아요.

칭찬 연습하기 10

친구들 앞에서 나를 당당히 칭찬하면 멋있어요. 그런데 너무 과장되어 보이면 친구들이 거부감을 나타낼 수 있겠지요. 내 성격을 자랑한다고 해봐요. 과장하면 좋지 않겠지요. 대신 은근하게 자랑하는 게 훨씬 효과적일 거예요. 그런 점에서 ①보다는 ②가 좋답니다.

이번에는 내 성격을 자랑해보세요.

이해도 고마운 칭찬이다

- 싸움을 막은 숲속의 공주 -

 과장된 칭찬은 오히려 효과가 없다는 것을 배웠으니 다음에는 이해를 통해 칭찬하는 법을 배워봐요. 이해로 하는 고마운 칭찬은 막 화가 난 사람도 뿅 하고 바꿀 수 있답니다. 어렵다고요? 그럼 『잠자는 숲속의 공주』의 이야기를 함께 보며 화난 사람을 진정시키는 칭찬 초능력을 배워볼까요.

 숲속의 잠자는 공주가 깨어났다는 소식이 나라 곳곳에 퍼졌고 13번째 마법사의 귀에도 들어갔어요. 그 마법사는 뱀댕이처럼 속이 좁은 거로 유명했어요. 그런데 백여 년 전 왕이 깜빡 잊고 공주 탄생 축하 파티에 그 마법사를 초대하지 않았어요. 작은 실수니까 사과를 받고 용서해주면 될 일인데도 마법사는 크게 화를 내면서 저주를 내렸지요. 그 저주 때문에 공주와 함께 성의 모든 사람과 새와 개까지 백 년 동안 지겹게 잠을 자야 했어요.
 마법사는 빗자루를 타고 왕궁으로 쏜살처럼 날아갔어요. 공주에게 또 저주를 내려서 천년만년 잠들게 하는 게 마법사의 목표였지요. 속 좁은 마법사의 원한은 질기디질겨서 백 년이 지나도 풀리지 않았거든요.

왕궁에 도착한 마법사는 공중에서 양손으로 원을 그리며 정신을 집중하고는 주문을 외웠어요.

"공주는 이제 영원히 잠들게 될 것이다."

그 순간 수백 명의 궁수가 달려들었어요. 하지만 마법사는 멈추기는커녕 당장 공격 마법을 쓸 기색이었지요. 이에 궁수들은 지지 않고 활시위를 당겼어요. 금방이라도 큰 싸움이 벌어질 위기 상황이었어요.

그 위험한 때 공주가 하고 싶은 말이 있다면서 마법사에게 다가갔어요. 싸움을 막으려면 공주는 어떻게 말해야 할까요?

❷처럼 말한다고 마법사의 마음이 풀린다는 보장은 없어요. 하지만 가능성은 있지요. 감동을 주는 말이기 때문이에요. 공주는 마법사의 마음을 이해해주었어요. 따돌림당해서 슬프고 화가 난 마법사는 공주의 위로에 마음이 풀려서 물러날지도 몰라요. 반면 ❶처럼 차갑게 말했다면 마법사의 화만 돋울 뿐 싸움을 막지 못했을 거예요.

또 다른 예로 헐크를 들어볼까요. 헐크가 길을 가는데 어린아이들이 "못난이 녹색 괴물이다"라고 놀렸어요. 헐크는 화가 나서 길가에 세워진 트럭을 집어 들어서 저 멀리 던져버렸지요. 마을 사람들은 공포에 질렸어요.

헐크에게 뭐라고 말해야 할까요?

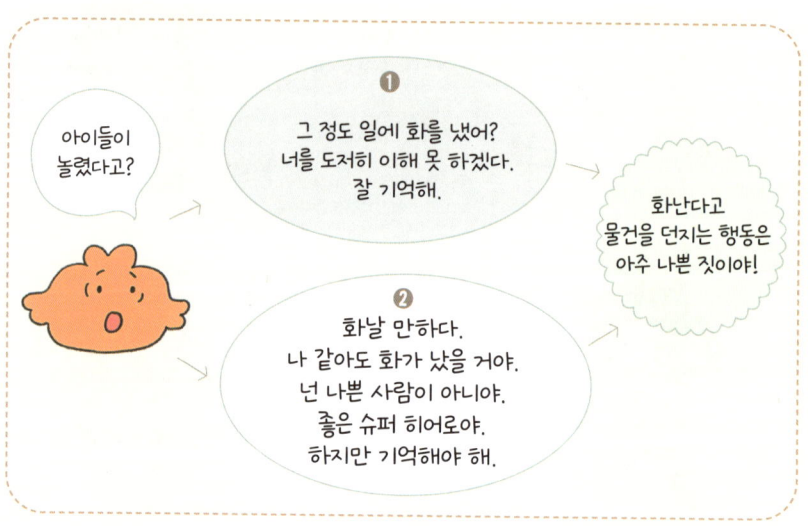

❷처럼 말한다고 헐크가 순한 양으로 돌변하지는 않을 거예요. 하지만 멈추고 반성할 거라고 기대는 해볼 만하지요. 이해받은 헐크의 마음은 따뜻해질지도 몰라요.

독일에도 이해가 필요한 사람이 있어요. 그 사람은 피리를 불면서 어린이 수백 명을 이끌고 산속으로 향하는 길이었어요. 마침 지나가던 빨간 모자가 남자 앞을 막았어요. 빨간 모자는 이 피리 부는 남자에게 뭐라고 해야 할까요?

❶보다는 ❷가 좋아요. 이렇게 이해해주면 남자는 위로받고 변호 받는 기분이 들어서 마음을 풀 수도 있지요. 그와 달리 ❶처럼 나쁜 사람이라고 비난만 하면 설득하기 힘들어요.

이해와 칭찬은 비슷해요. 이해받으면 칭찬받은 것처럼 행복하지요. 그리고 행복한 사람은 착해서 남을 해치거나 괴롭히지 않아요. 그러니까 실수한 친구에게 이해와 칭찬을 동시에 해주면 좋아요. 이렇게 말이에요.

"아이들이 놀려서 소리를 질렀다고? 그럴 수 있어. 넌 나쁜 사람이 아니야. 아주 좋은 사람이야. 알겠지? 하지만 반복은 안 돼. 자꾸 소리치는 건 잘못된 행동이거든"
"혼날 게 무서워서 거짓말을 했다고? 그럴 수 있지. 이해한다. 너는 나쁜 아이가 아니야. 너는 여전히 착한 아이야. 사과하고 다음부터 안 그러면 돼."

칭찬 연습하기 11

1. 오늘 복도에서 뛰다가 다른 친구와 부딪혔어요. 또 창문을 급히 닫다가 옆에 있던 친구의 손을 멍들게 했고요. 나는 너무 성급해요. 성급한 성격 때문에 친구를 다치게 한 나는 나쁜 아이일까요?

    > 내가 나를 이해해줘야 해요. 내가 나를 위로하고 껴안아야 옳아요. 나는 나쁜 아이가 아니에요. 실수했을 뿐이죠. 그렇게 생각하는 게 공정하고 따뜻한 태도예요. 물론 친구에게 사과는 해야 하죠. 내일부터는 조심해야 하는 것도 맞아요. 하지만 잊지 말아요. 나는 실수를 한 것이지 나쁜 아이인 것은 아니에요.

2. 내 별명은 '잘난체'예요. 오늘 친구들에게 이렇게 말하고 말았어요.
    "나는 공부도 잘하고 운동도 잘하고 잘생겼어. 너희가 나에게 열등감 느낀다는 거 알고 있어. 내가 너무 잘나서 미안해. 하하하!"
    그래서 친구들이 나를 싫어하는 것 같아요. 나는 왜 이렇게 잘난 체하는 걸까요? 나도 내가 싫어요.

    > 잘난 체하면서 친구들을 놀리는 건 잘못이에요. 그래서는 안 돼요. 하지만 그런 행동을 했다고 자신을 싫어하면 안 돼요. 내가 나를 이해해줘야 해요. 나는 나쁜 어린이가 아니에요. 나는 실수한 거예요. 내 속에도 겸손한 마음이 분명히 있어요. 그 겸손한 마음을 키우면 나는 더 바른 아이가 될 수 있어요. 나를 싫어하지 말고 믿어주는 게 훨씬 나아요.

3. 최근에 내가 잘못했던 행동을 하나 반성해보고 나를 이해하고 칭찬해주세요.

    > 나는 최근에…

나와 달라도 칭찬한다

- 코끼리를 놀린 사자 -

 화가 난 사람을 진정시키는 이해를 배웠으니, 이번에는 존중을 통해 칭찬하는 법을 배워봐요. 존중하는 칭찬은 서로 싸움을 피하게 하고 세상을 아름답게 만들 수 있답니다. 너무 어려워 보인다고요? 걱정하지 마요. 존중으로 칭찬하는 건 어렵지 않으니까요. 사자와 코끼리의 이야기에서 존중을 통해 상대방을 칭찬하는 법을 자세히 알려줄게요.

 맛있게 점심을 먹는 코끼리 옆을 지나가다가 사자가 크게 웃었어요.
 "푸하하. 참 신기해. 그 맛이 이상한 풀을 어떻게 먹니? 고기를 먹어 봐. 얼마나 맛있는데!"
 옆에서 표범과 악어가 "맞다 맞다" 하면서 박수를 쳤어요. 하지만 코끼리는 묵묵히 먹기만 했어요.
 반응이 없자 골이 난 사자가 코끼리를 놀리기 시작했어요.
 "그렇게 많이 먹으니까 똥이 산더미잖아. 고기를 먹어. 조금만 먹어도 배부르거든."

그 말을 듣고 구경하던 하이에나가 배를 잡고 웃었어요.

이제 코끼리도 가만있지 말고 응수를 해야 했어요. 어느 쪽이 좋을까요?

❶처럼 말하고 싶은 게 당연해요. 놀리니까 화가 나서 맞받고 싶어지지요. 그런데 ❷가 훨씬 현명한 말이에요. 너처럼 살아도 행복하고 나처럼 살아도 행복할 수 있다고 둘 다 인정하는 말이지요. 이 말을 들은 사자는 어떤 반응을 보일까요? 코끼리의 현명함에 깜짝 놀랄 거예요. 나아가 코끼리를 놀린 걸 반성할지도 몰라요.

❷는 서로의 차이를 인정하고 칭찬했어요. 세상에는 다양한 사

람이 있어요. 육식을 즐기는 사람과 채식주의자가 함께 살아요. 어떤 사람은 대중음악을 좋아하고 어떤 사람은 고전음악을 즐겨 듣지요. 어떤 사람은 반려동물을 사랑하고 어떤 사람은 꺼려요. 어떤 아이는 수학을 잘하고 어떤 아이는 그림을 잘 그리고요. 그런 차이를 인정하고 서로 칭찬하면 우리 모두 행복할 수 있어요.

상황을 가정해봐요. 친구가 오만한 표정으로 놀리듯이 말했어요.
"너는 왜 수학 공부를 못하니? 나는 잘하는데. 수학 문제를 잘 풀면 얼마나 기분 좋은지 너는 모르지?"
이런 예의 없는 친구에게 어떻게 말해줘야 할까요?

마음 같아서는 ❶처럼 비난하고 싶을지도 몰라요. 하지만 ❷처럼 친구도 칭찬하고 나도 칭찬하는 게 훨씬 좋아요. 코끼리를 놀렸던 사자처럼 그 친구도 자신의 행동을 돌아보게 될 거예요.

또 다른 예를 봐요. 엄마만 있는 친구에게 어떻게 말하는 게 옳을까요. 다음 중 차이를 인정하고 존중하는 말을 찾아봐요.

❶은 차이를 인정하지 않아요. 우리 집에 엄마, 아빠 모두 계신다고 다른 집도 그래야 하는 건 아니에요. 또 부모님이 모두 계셔야만 행복한 것도 아니지요. ❷는 차이를 인정하고 다양한 형태의 가족 모두 행복할 수 있다고 좋게 봐요. ❶은 기분 좋지 않은 비판이고 ❷는 모두 행복한 칭찬이랍니다.

어떤 친구가 이런 말을 했어요. 왜 잘못된 말일까요?

"매주 교회에 간다고? 너는 어떻게 신을 믿을 수 있지? 신 같은 것은 없다고 우리 아빠가 말씀하셨어."

어떤 사람은 신을 믿고 어떤 사람은 신을 믿지 않아요. 그건 개인의 자유예요. 종교인과 비종교인은 서로 인정하고 존중해야 하는 거예요. 그러니 이렇게 말하는 게 좋겠지요.

"지금 교회에 간다고? 너는 신을 믿는구나. 나는 신을 믿지 않아. 교회에 행복하게 잘 갔다 와라. 안녕~"

이번에는 사투리 이야기예요. 한 어린이가 사투리를 쓴다고 다른 친구가 놀렸어요.

"너는 사투리 쓰는 게 부끄럽지 않니? 서울말을 써 봐."

이 말의 잘못은 언어가 다양하다는 걸 인정하지 않는다는 점이에요. 같은 나라도 지역에 따라 말이 조금씩 달라요. 사투리라고 부끄러운 게 아니고 놀려서도 안 돼요. 모든 지역의 말들이 모두 훌륭한 대화 수단이라고 인정하고 칭찬하는 게 옳답니다.

다른 친구는 피부가 까만 친구에게 이런 말을 했어요.
"나는 피부가 하얀데 왜 너는 까무잡잡하니? 너무 이상하다."
이 말은 피부색의 차이를 인정하지 않아서 잘못이에요. 어떤 사람은 원래 하얗고 어떤 사람은 조금 검을 수 있어요.
"내 피부는 하얘서 예쁘고, 너 피부는 좀 까매서 멋있다."
이렇게 모두를 칭찬하는 게 더 옳아요.

나와 다른 사람이 세상에는 많아요. 외모가 다르고 말씨가 다르고 종교가 다른 사람들을 만나게 되지요. 또 성격과 취향이 다른 사람도 아주 많아요. 자신과 비슷한 사람만 칭찬하는 건 옳지 않지요. 차이가 있어도 우리 모두 소중한 사람이라고 칭찬하는 게 옳아요.

칭찬 연습하기 12

1. 춤을 잘 춰서 아이돌급 인기를 누리는 친구가 있어요. 나는 춤을 못 춰서 박수나 환호를 받는 일이 많지 않아요. 이럴 때 나를 어떻게 칭찬해야 할까요?

2. 눈을 감고 자신에게 이렇게 말해주세요.

- "친구와 내 의견이 달라도 화낼 것 없어. 다른 게 당연하니까."
- "남을 부러워할 이유가 없어. 나에게는 나만의 아름다움이 있으니까."
- "나는 조금 통통한 편이지만 부끄럽지 않아. 자기 몸을 당당히 사랑하는 게 멋있어."

따뜻한 사랑이 최고의 칭찬이다

- 버림받은 프랑켄슈타인 -

이해와 존중은 좋은 칭찬법이지만 최고의 칭찬법은 따로 있어요. 최고의 칭찬은 바로 따뜻한 사랑이랍니다. 여러분이 최고의 초능력자가 될 수 있게 따뜻한 사랑으로 칭찬하는 법을 알려줄게요. 『프랑켄슈타인』의 이야기를 함께 살펴볼까요.

18세기 독일 잉골슈타트에 있는 연구실에서 오랫동안 연구를 해온 과학자가 있어요. 이름은 빅토르 프랑켄슈타인. 그는 죽은 몸을 되살리고 싶었어요. 연구는 밤낮없이 이어졌으며 몇 년 후 성공에 이르지요. 사체에 생명을 불어넣는 방법이 드디어 밝혀진 거예요.

연구실에는 생명 없는 몸이 하나 놓여 있었어요. 빅토르 프랑켄슈타인이 스위치를 올리자 그 몸은 깨어나기 시작해서 천천히 눈을 뜨고 팔다리를 움직였어요. 대성공이에요.

그런데 빅토르 프랑켄슈타인은 눈앞의 생명체가 갑자기 무서웠어요. 누런 눈과 까만 입술이 섬뜩했거든요. 달그락거리는 턱과 기괴한 얼굴도 심장이 오그라들게 했지요. 빅토르 프랑켄슈타인은 그 무서운 생명체를 괴물이라 부르며 황급히 연구실을 빠져나

갔어요.

연구실에는 괴물 혼자 남게 되었어요. 방금 태어난 괴물은 무엇을 했을까요. 알에서 나온 오리는 엄마 오리를 따라가는 습성이 있어요. 괴물은 오리처럼 자신을 만든 사람 즉 자신의 아빠를 따라갔어요.

원작 소설 『프랑켄슈타인』에 따르면 괴물은 과학자에게 무슨 말인가 웅얼거렸어요.

"아빠. 저를 태어나게 해줘서 감사해요."

그렇게 말하고 싶었던 것 아닐까요. 괴물은 미소도 지었지요. 아빠를 사랑하는 마음을 표현하려 했을 거예요. 괴물은 또 과학자를 손으로 잡으려고도 했어요. 아빠를 만지고 안아보고 싶었을 거예요.

하지만 빅토르 프랑켄슈타인은 매몰차게 뒤도 돌아보지 않고 달렸어요. 끔찍한 괴물의 모습에 치를 떨면서 되도록 멀리멀리 가버렸어요.

얼마 후 괴물은 죄 없는 사람들의 생명을 하나둘 앗아가기 시작했어요. 빅토르 프랑켄슈타인의 가족들을 해치고 빅토르 프랑켄슈타인의 친구마저도 죽였지요. 괴물 때문에 온 세상이 공포에 떨게 되었어요.

괴물은 왜 그렇게 나쁜 짓을 하게 된 걸까요. 아빠나 다름없는 빅토르 프랑켄슈타인의 책임이 크다고 봐요. 괴물은 태어나자마자 버림을 받았어요. 아빠마저 자신을 미워하고 싫어한다는 걸 느꼈겠지요. 그렇게 버림받았기 때문에 괴물은 세상을 미워했어요. 나쁜 짓을 한 괴물은 분명히 잘못했어요. 하지만 괴물이 악행을 저지른 데에는 빅토르 프랑켄슈타인의 책임도 커요.

그는 자신을 따라온 괴물을 버리지 말았어야 해요. 따뜻하게 대해줬다면 괴물은 괴물이 아니라 착한 사람으로 자랐을 거예요.

빅토르 프랑켄슈타인은 자신이 만든 생명체에게 뭐라고 말했어야 할까요?

빅토르 프랑켄슈타인은 두려움에 떠는 얼굴로 달아나버렸어요. 그러니까 ❶이라고 말한 것과 다름없지요. ❷라고 사랑을 표현해 줬다면 생명체는 자신을 소중하고 착하다고 생각했을 거예요. 그렇게 긍정적인 정체성을 가지면 나쁜 짓을 하지 않아요.

다른 예를 들어 생각해봐요. 나는 나를 못살게 구는 언니 때문에 눈물이 났어요. 언니에게 어떻게 말하는 게 좋을까요?

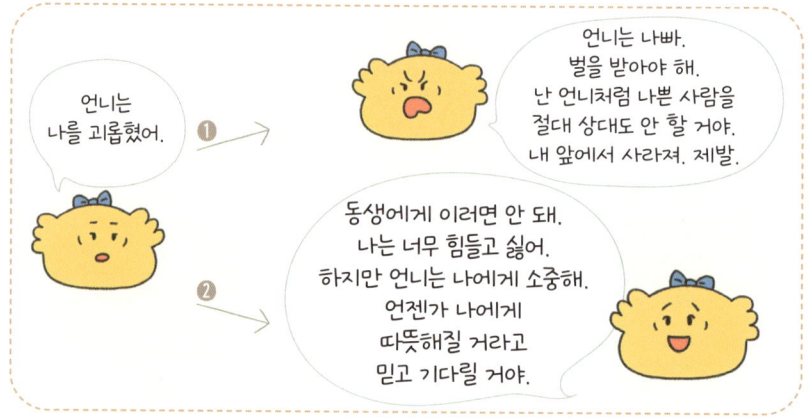

화가 나니까 공격적인 말이 목까지 올라오는 게 당연해요. 하지만 ❶보다는 ❷가 더 나아요. 나는 언니가 소중하다고 했고 결국은 사랑한다는 뜻이에요. 그런 따뜻한 말이 언니의 마음을 흔들게 되지요. 이제 언니는 다시 나를 괴롭히려다가도 잠시 주춤하게 될 거예요. 사랑의 힘은 나쁜 행동을 고칠 수 있어요.

이번에는 식탐 때문에 저주받은 아이 이야기에요.

어떤 아이가 언제나처럼 치킨을 부모님께 나눠주지 않고 혼자 다 먹고 누웠어요. 벌을 받은 걸까요. 마법사가 나타나서 그 아이의 몸을 하마로 만들어버렸어요. 얼굴은 그대로인데 몸은 육중한 하마인 거예요. 아침에 방문을 연 엄마는 비명을 질렀지요. 아빠도 아이의 새 모습을 보고는 거의 기절할 듯이 놀랐어요.

몸이 하마로 변한 아이는 방에 틀어박혀 지냈는데 너무나 심심했어요. 하마 앞발로는 게임도 할 수 없었지요. 답답하고 지루했던 아이는 어느 날 엄마, 아빠에게 밖에 나가고 싶다고 말씀드렸어요. 부모님은 뭐라고 답하셨을까요?

❶이라고 말할 부모는 세상에 거의 없을 거예요. 대부분 ❷라고 말하겠죠. 하마 몸이지만 예쁘다고 칭찬할 거예요. 아이의 부모님은 실제로 남들이 뭐라든 사랑한다고도 해주었어요. 하마가 된 아이는 눈물이 날 정도로 감동했고, 감동의 눈물은 아이의 식탐을 녹여 없앴어요. 그렇게 음식 욕심이 줄어들고 매일 산책을 다녔더니, 아이의 체중이 매일 10kg씩 빠르게 줄어들기 시작했어요. 100일 후 아이는 원래대로 돌아왔지요. 엄마 아빠의 사랑이 없었다면 불가능했을 거예요.

『프랑켄슈타인』 소설에서는 결국 빅토르 프랑켄슈타인이 괴물을 쫓아서 북극까지 갔다가 숨을 거두었어요. 만일 둘이 만나서 대화했다면 괴물은 어떤 말을 하고 싶었을까요. 북극에 간 빅토르 프랑켄슈타인은 몸이 쇠약해져서 곧 죽을 처지였어요.

❶처럼 말한 후에는 속이 시원했을 거예요. 그렇게 원망과 분노가 입 밖으로 튀어나왔어도 조금도 이상하지 않아요. 하지만 이제 돌아가시면 사랑한다고 말할 기회가 영원히 사라지지요. 그러니 ❷라고 말해줘도 괜찮지 않을까요.

❷에는 사랑이 표현되어 있어요. 괴물이 그렇게 말해줬다면 빅토르 프랑켄슈타인은 미안해하고 고마워하면서 눈을 감았을 거예요.

최고의 칭찬은 뭘까요. 그건 바로 사랑한다는 말이에요. 상대가 사랑받을 가치가 있다고 인정하는 말이기 때문이죠.

"너를 사랑한다." = "너는 사랑받을 가치가 있는 소중한 존재다."

사랑한다고 말해주면 괴물도 못된 언니도 하마도 행복해지고 순해져요. 사랑한다는 말을 아끼지 말아야 하는 이유예요.

칭찬 연습하기 13

💚 나는 나를 얼마나 사랑할까요? 나의 무엇을 가장 사랑하는지 매일 생각해보세요.

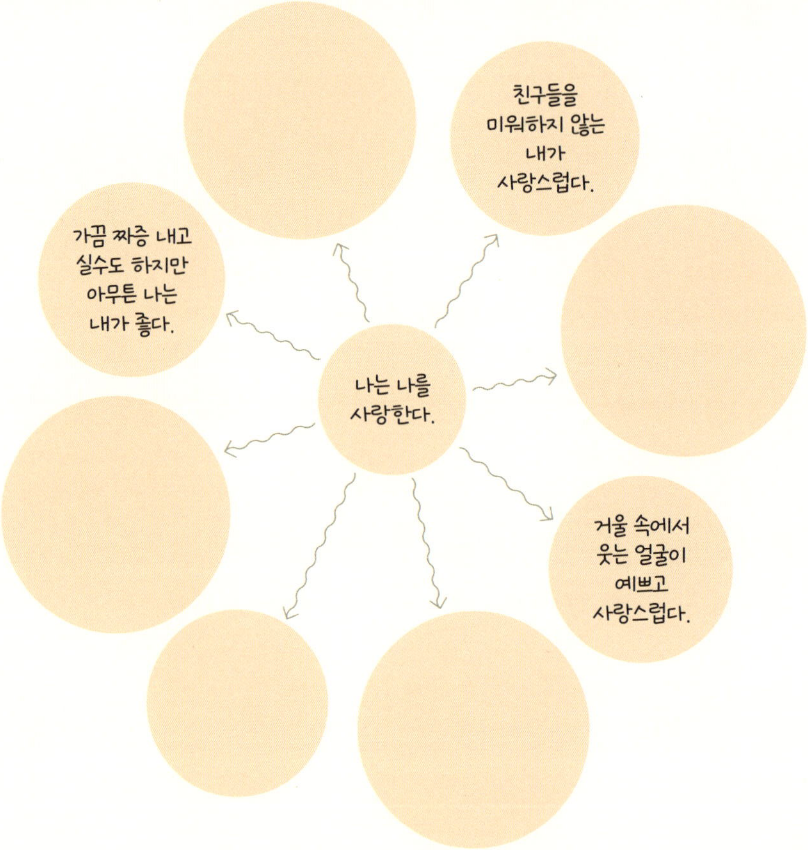

- 친구들을 미워하지 않는 내가 사랑스럽다.
- 가끔 짜증 내고 실수도 하지만 아무튼 나는 내가 좋다.
- 거울 속에서 웃는 얼굴이 예쁘고 사랑스럽다.

나는 나를 사랑한다.

4장

칭찬 초능력
주의점

편견을 담은 칭찬은 안 된다

- 유령 같은 고래 모비 딕 -

이제 여러분은 뛰어난 칭찬 초능력자가 되었지만, 칭찬을 사용할 때는 주의할 점이 있어요. 여러분이 그럴 의도가 없더라도 칭찬에 편견이 담길 수도 있단 거예요. 칭찬 초능력을 쓸 때는 편견이 담기지 않게 조심해야 해요. 『모비 딕』에 나오는 주인공들을 보면서 편견이 담긴 칭찬이 뭔지 함께 알아보고 편견 없는 최고의 칭찬 초능력자가 되어 볼까요.

19세기 미국의 한 항구에서 고래 잡는 포경선 피쿼드호가 출항을 앞두고 있었어요.

선원들이 선장에게 인사를 했어요.

"안녕하세요. 에이허브 선장님."

하지만 선장은 대꾸하지 않고 먼바다만 바라보았어요.

강인하고 리더십이 뛰어난 에이허브 선장은 뭇 뱃사람들의 존경을 받아요. 그런데 목발을 짚은 그는 한쪽 다리가 의족이에요. 고래 사냥을 하던 중에 거대한 고래에게 물려서 그렇게 되었다고 해요.

고래가 다리를 앗아갈 때 에이허브 선장은 이를 악물고 참아냈어요. 그리고 그 고통과 분노를 아직 기억하고 있었지요.

그는 자주 다짐했어요.

"꼭 복수하고 말겠다."

선장의 이를 갈게 만든 고래의 이름은 모비 딕이에요. 심해에 사는 향유고래인 모비 딕은 거대하기도 하지만 온몸이 하얀색이어서 한번 보면 잊을 수 없어요. 물속에서 튀어나오는 모비 딕은 하얀 유령 같아서 신비롭고도 무시무시해요. 힘은 또 얼마나 센지 포경선과 충돌해서 침몰시킬 수 있는 정도지요. 게다가 영리한 모비 딕은 정말 귀신처럼 신출귀몰해서 포경선들이 수없이 달려들었지만, 도저히 잡을 수가 없었어요.

에이허브 선장은 모비 딕을 잡고 싶었지요. 복수심 때문이기도 했지만, 정복욕도 이유였어요. 자연에서 가장 강한 모비 딕을 잡아서 자연을 정복하는 위대한 사람이 되려고 했지요.

그러나 둘의 싸움은 모비 딕의 승리로 끝났어요. 오랜 추격 끝에 에이허브 선장은 모비 딕과 일전을 벌이게 되었어요. 선원들은 작은 배에 올라타 모비 딕을 쫓아갔지요. 에이허브 선장은 직접 커다란 작살을 던지면서 외쳤어요.

"이걸 받아라. 이 유령 같은 녀석아. 널 내가 꼭 잡고 말겠다."

작살은 분명히 모비 딕의 몸에 꽂혔어요. 하지만 모비 딕은 아무렇지도 않아 보였어요. 오히려 더 강력하게 선원들을 공격해서 물에 빠트렸지요. 곧이어 에이허브 선장까지 바닷속으로 끌고 들어가 버렸어요. 그렇게 선장을 잠재운 모비 딕은 포경선 피쿼드호를 향해 돌진해서 배를 완전히 침몰시켜버렸어요. 그리하여 단 한 명을 제외한 모든 승무원이 희생되었지요. 거대한 자연의 힘이 인간들의 도전을 이겨낸 거예요.

여기까지는 소설『모비 딕』의 내용이에요. 그런데 세상 사람들은 물론 바닷속 고래들까지 모르는 뒷이야기가 있어요. 백 년 후 모비 딕과 에이허브 선장은 저승 세계에서 우연히 만났어요. 목숨 걸고 싸웠던 둘은 바닷가 저승 카페에서 어색하게 마주 앉았지요. 분위기를 풀기 위해 모비 딕이 에이허브에게 칭찬을 하기 시작했어요.

"에이허브 선장. 너는 굉장했어."

"뭘 말하는 거야?"

"용기가 대단했어. 내가 수많은 뱃사람과 싸워봤지만 네가 최고였어."

"하하하. 이제라도 칭찬해주니 기분이 좋군."

"진심이야. 너는 용감해. 넌 사람치고는 대단히 용감해."

그 순간 에이허브 선장의 낯빛이 변했지요. 불쾌감이 뚜렷했어요. 보복을 결심한 듯이 이를 악문 에이허브는 이렇게 말했어요.

"나도 너에게 할 말이 있어."

"뭐야?"

"너는 힘만 센 게 아니라 정말 머리가 좋아."

"하하. 그런가. 칭찬 고마워."

"사실이야. 너는 고래치고는 머리가 좋더군. 훌륭해."

그 말에 모비 딕의 얼굴빛도 변했어요. 기분 나쁜 표정이었지요.

둘은 서로를 노려보다가 싸움을 시작했어요. 에이허브는 작살을 들었고 모비 딕은 당장 돌진해서 충돌하려는 자세를 취했지요. 저승 카페의 손님들이 너나없이 짜증스러운 표정으로 지켜봤어요. 저승까지 와서도 싸우는 둘의 모습은 참 한심했지요.

그런데 둘은 왜 기분이 상했을까요? 그것은 칭찬이 순수하지 못했기 때문이에요. 둘의 칭찬에는 편견이 숨어 있었어요.

다음 두 가지 칭찬을 비교해봐요.

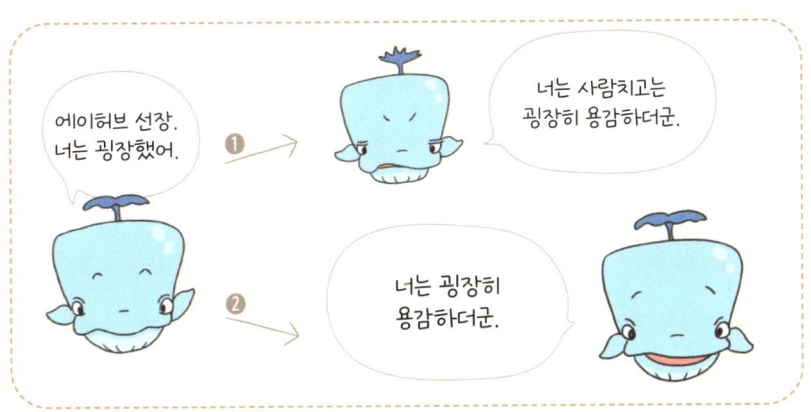

모비 딕이 ❶처럼 칭찬했기 때문에 상대가 기분이 나빴던 거예요. 만일 ❷처럼 칭찬했다면 분위기는 화기애애했을 거예요.

❶이 문제인 것은 편견이 담겨 있기 때문이죠. 편견은 공정하지 않고 한쪽으로 치우친 생각이에요. 어떤 편견이 숨어 있는지는 ❶을 둘로 나눠보면 분명해져요.

❶ 너는 사람치고는 굉장히 용감하더군.
= (ㄱ) 사람은 용기 없는 겁쟁이다. + (ㄴ) 너는 용감하다.

❶에는 (ㄱ)이 숨어 있어요. '사람은 용기 없는 겁쟁이'라고 생각하는 건 비뚤어진 편견이에요. 듣는 사람 입장에서는 기분이 나쁜 모욕이에요. 그래서 에이허브 선장은 불쾌했던 거예요.

칭찬할 때는 편견을 빼야 해요. ❶이 아니라 ❷처럼 말했다면 편견이 빠진 것이고, 에이허브 선장이 불쾌할 이유도 없었을 거예요. 오히려 기분이 좋아서 껄껄껄 크게 웃었을지도 몰라요.

그렇다고 에이허브 선장도 잘한 것은 없어요. "너는 고래치고는 머리가 좋다"는 칭찬에도 편견이 숨어 있거든요. '고래는 원래 머리가 좋지 않다'는 기분 나쁜 편견이 있는 거죠. 에이허브도 편견을 빼고 올바르게 칭찬했어야 해요.

❶이 아니라 ❷라고 칭찬했어야 옳아요.

서로 기분을 상하게 하지 않았다면 둘은 백 년 만에 만나서 기분 좋게 대화하고 좋은 친구가 됐었을지도 몰라요. 함부로 말하지 않아야 좋은 친구를 사귈 수 있다는 걸 둘은 몰랐지요.

우리 현실에서도 편견을 숨긴 칭찬이 흔해요. 예를 들어서 한 여학생이 수학 시험을 잘 봤다고 해봐요. 한 남학생이 칭찬하려고 하는데 어떤 칭찬이 옳은 것일까요?

❶은 좋지 않은 칭찬이에요. 오히려 상대의 기분을 상하게 할 수 있어요. '여자는 수학을 못한다'는 편견이 깔린 칭찬이기 때문이에요. ❷가 훨씬 낫지요.

이번에는 미국 대통령을 예로 살펴봐요. 미국 대통령 중에 버락 오바마가 있었는데 그는 흑인이었어요. 한 어린이가 이렇게 말했다고 해봐요.

"버락 오바마는 열심히 공부해서 지혜로운 사람이 되었어. 그 사람은 흑인이지만 공부를 아주 좋아했대."

이 칭찬을 버락 오바마가 들었다면 불쾌해했을 거예요. 편견이 숨어 있기 때문이에요. 이 칭찬에 들어있는 편견은 무엇일까요?

그건 바로 '흑인은 공부를 좋아하지 않는다'라는 편견이에요. 그렇게 나쁜 편견이 숨어 있기 때문에 위 칭찬도 나쁜 칭찬이 돼요. ❶과 ❷를 비교해보세요.

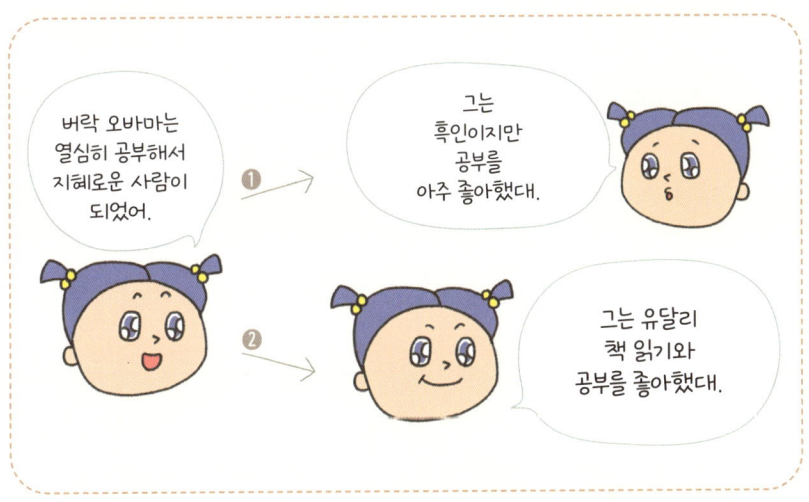

엄마에게 하는 칭찬도 조심해야 해요. 간식을 먹은 후 한 어린이가 이렇게 말했어요.

"엄마, 맛있는 간식 감사해요. 원래 엄마들은 간식을 만들어줘야 하지만… 헤헤헤."

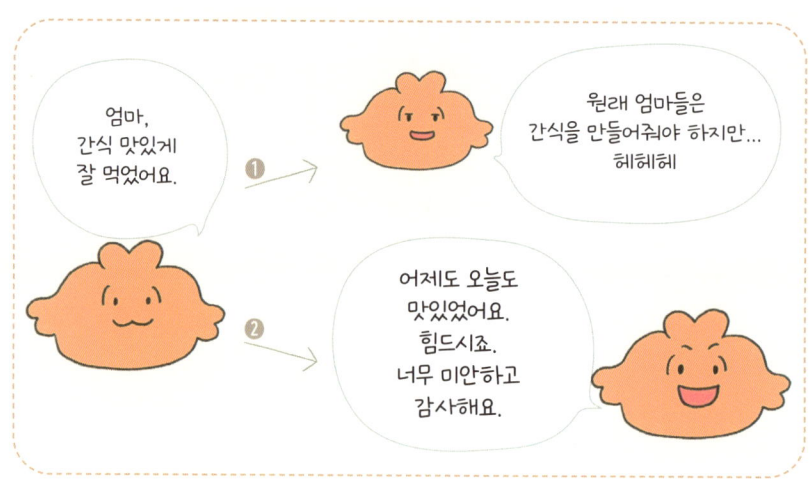

이 어린이의 편견은 무엇일까요? 간식을 만들어 주는 게 엄마의 당연한 의무라고 생각하고 있어요. 엄마가 기분 좋을 수 없겠지요.

엄마도 기계가 아니라 사람이에요. 간식을 만드는 게 힘들죠. 엄마도 어린이처럼 편히 쉬는 게 좋다고 생각하면 공정한 생각이에요. 반면 어린이들은 편하게 받아먹고 엄마는 음식 만드는 일을 당연히 해야 한다고 생각하면 치우친 생각이에요. 즉 편견이에요. 그런 편견이 숨어 있으면 칭찬을 듣는 엄마는 속상하게 돼요. ❶이 아니라 ❷처럼 말하는 게 훨씬 나아요.

칭찬 연습하기 14

1. 『모비 딕』을 읽어봤다고 했더니 삼촌이 칭찬해주셨어요.
   "꼬마가 책도 많이 읽는구나. 훌륭하다."
   분명히 칭찬인데 듣고서 기분이 좋지는 않았어요. 왜 그런 걸까요?

   > '꼬마'라는 낱말 때문이에요. 어린이를 낮추는 느낌이라서 속상할 수 있어요. 이렇게 말씀 드리면 어떨까요?
   > "칭찬은 감사해요. 그런데 저는 꼬마가 아니에요. 이제 많이 컸어요."
   >
   > 💭 나라면 어떻게 말할까요?

2. 피노키오가 어느 날 이렇게 자기 칭찬을 했어요.
   "나는 사교성이 아주 좋아. 거짓말쟁이치고는 친구가 많은 편이거든."
   이는 좋은 자기 칭찬이 아니에요. 피노키오에게 어떻게 말해줘야 할까요?

   > 피노키오는 자신이 거짓말쟁이라고 말해버렸어요. 그렇게 자신을 나쁘게 표현하는 건 좋지 않아요. 피노키오에게는 따뜻한 충고가 필요해요. 이렇게 말해주면 어떨까요?
   > "너는 거짓말쟁이가 아니야. 한두 번 거짓말했을 뿐이야. 너는 착한 아이니까 너를 거짓말쟁이라고 부르는 건 옳지 않은 것 같아."
   >
   > 💭 나라면 어떻게 말할까요?

이득을 위한 칭찬은 좋지 않다

- 장화 신은 고양이 -

 칭찬에는 편견만 담기지 않으면 좋은 걸까요? 아니에요. 칭찬할 때 꼭 생각해야 하는 것은 칭찬할 때 자기의 이득을 생각하는 불순함이 담기면 안 된다는 거예요.
 이해가 어렵나요? 그럼 『장화 신은 고양이』를 통해 이득을 위해 칭찬하는 게 왜 안 좋은지 알려줄게요.

 세상에서 가장 머리 좋은 고양이는 장화를 신고 다녀요.
 『장화 신은 고양이』는 프랑스의 유명한 동화예요. 고양이는 능력이 뛰어나요. 아무것도 가진 것 없던 주인을 큰 성과 넓은 땅을 가진 부자로 만들어줬는데 그걸로도 모자라서 공주와 결혼도 시켜줬어요.
 고양이가 주인에게 선물한 커다란 성은 원래 괴물의 것이었어요. 성을 차지하기 위해 고양이는 마법사 괴물을 찾아가서 이야기를 나눴지요.
 "괴물님은 변신할 수 있다면서요."
 "그렇지. 무서운 사자로 변신해줄까? (사자로 변신한 후) 어흥~"

"어휴. 놀라라. 정말 대단한 실력입니다."

"내 실력이 좀 놀랍기는 할 거야. 하하하."

"그런데 아주 작은 동물로도 변할 수 있나요?"

"작은 동물?"

"예. 생쥐 같은 거로요. 괴물님처럼 세상 최고의 마법사는 분명히 할 수 있을 거예요."

"그렇게 칭찬을 해주니 보여주지. 잘 봐. (쥐로 변신하고는) 찍찍!"

그 순간 고양이가 쥐를 잡아서 꿀꺽 삼켜버렸어요.

장화 신은 고양이는 칭찬을 해서 괴물을 물리칠 수 있었어요. 세상 최고의 마법사라고 추켜세워준 후에 괴물을 잡아 먹어버리고 성까지 차지한 거예요.

이것은 좋은 칭찬이 아니에요. 자기 이익을 위해서 남을 칭찬했기 때문이에요. 장화 신은 고양이가 나쁘다는 건 아니에요. 괴물을 물리쳐야 하는 동화 속 이야기니까 고양이를 이해해줄 수 있어요. 하지만 현실에서는 이러면 안 돼요.

예를 들어 내가 동생을 칭찬하는 상황이에요.

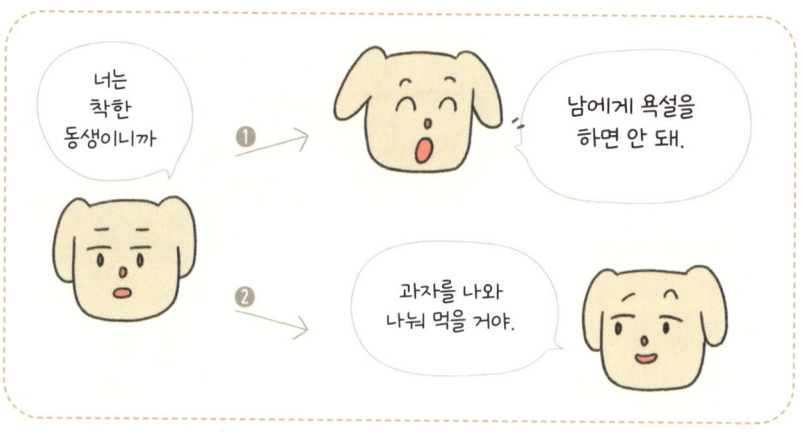

❶은 고운 말을 쓰라는 뜻이에요. 바른 말을 하면 동생에게 이득이 되지요. 그러니까 ❶은 내가 아니라 동생을 위한 칭찬이에요. 나쁠 게 전혀 없죠. 하지만 ❷는 달라요. "너는 착한 동생이다"라고 왜 칭찬을 했을까요? 과자를 얻기 위해서예요. 이러면 내가 이

득을 얻기 위해 칭찬을 한 것이에요. 거짓말처럼 진실성이 없어 보이는 좋지 않은 칭찬이에요.

　과자를 먹고 싶다면 칭찬 없이 설득하는 게 더 나아요. 나의 감정을 솔직히 말하면 돼요. "과자가 아주 먹고 싶어. 과자를 먹으면 나는 더없이 행복할 것 같아"라고 말해요. 또 약속하는 방법도 있어요. "오늘 나눠주면 나중에 나도 과자를 꼭 나눠줄게"라고 약속하고 지키면 되지요.

　이번에는 엄마와의 대화예요. 이득을 위한 칭찬은 어느 것일까요.

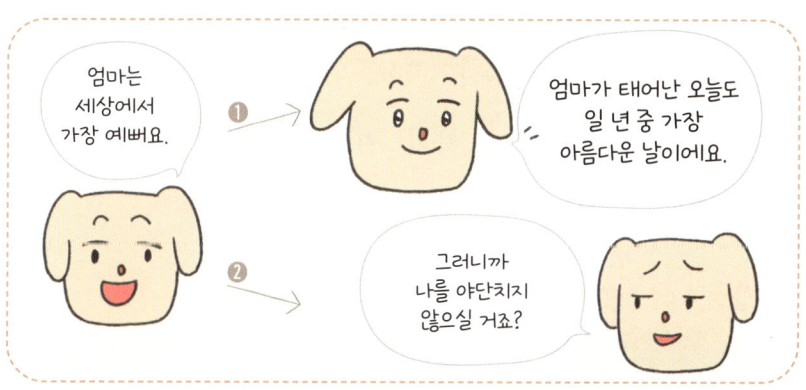

　"엄마가 세상에서 가장 예쁘다"고 했어요. ❶에서는 그 칭찬이 진심으로 들려요. 그와 달리 ❷에서는 거짓 칭찬으로 들려도 어쩔 수 없어요. 야단맞지 않기 위해서 꾸민 것 같기 때문이에요. 이득을 위한 칭찬은 믿음을 얻지 못해요. 양치기 소년의 거짓말처럼 의심을 사요.

이득을 위한 칭찬은 사실 흔해요. 이런 말을 들어본 친구가 있을 거예요.

"넌 내 좋은 친구니까 날 도와줄 거지?"
"너는 마음이 넓으니까 우리한테 떡볶이 좀 사줄 거지?"
"너처럼 글 잘 쓰는 아이는 못 봤다. 글쓰기 숙제를 대신해 줄래?"

'너는 나의 좋은 친구'는 도움을 받기 위한 칭찬이에요. '너는 마음이 넓다'는 간식을 얻어먹기 위한 칭찬이고요. '너는 글을 잘 쓴다'도 도움을 받기 위한 칭찬이에요.

그런 말에 넘어가서는 안 돼요. 어떻게 대응을 하면 좋을까요? 다음처럼 하면 돼요.

> 친구: 넌 내 좋은 친구니까 날 도와줄 거지?
> 나: 좋은 친구로 여겨줘서 고마워. 그런데 도와주기 어렵다. 내 사정이 있거든. 미안해.

> 친구: 너는 마음이 넓으니까 우리한테 떡볶이 좀 사줄 거지?
> 나: 마음이 넓다고 칭찬해주니 고마워. 그런데 내 돈을 꼭 써야 할 데가 있거든. 미안하다.

> 친구: 너처럼 글 잘 쓰는 아이는 못 봤다. 글쓰기 숙제를 대신해 줄래?
> 나: 미안해. 숙제를 대신해 줄 수는 없어. 부모님과 선생님이 옳지 않다고 말씀하실 게 분명해.

칭찬은 순수해야 해요. 나의 이득을 위한 칭찬은 순수하지 않고 불순하죠. 그런 칭찬은 속임수처럼 들리기 때문에 외려 불신을 낳게 돼요.

반대로 순수한 칭찬은 기분이 좋아요. 나의 이득이 아니라 친구를 기쁘게 하기 위한 칭찬이 순수한 거예요. 예를 들어서 "친구를 도와주다니, 너 오늘 훌륭했어", "노래를 잘하는 네가 내 친구여서 자랑스러워"는 모두 친구를 기쁘게 할 순수한 칭찬들이에요.

칭찬 연습하기 15

1. 아빠가 이득을 위해 칭찬을 하셨다고 가정해봐요.
"너는 아빠를 정말로 사랑하지? 그러면 이 심부름을 좀 해줘라."
이때 어떻게 말씀드리는 게 좋을까요?

> 이렇게 대응할 수 있어요.
> "심부름을 해드리기는 어려워요. 그래도 아빠를 진심으로 사랑하는 건 사실이에요. 죄송해요."
>
> 나라면 어떻게 말할까요?

2. 친구가 이렇게 말했어요.
"나는 너를 참 좋은 아이라고 생각해. 내 부탁 좀 들어주면 안 되겠니?"
그 부탁을 들어주기 힘들다면 어떻게 말하는 게 좋을까요?

> 거절과 감사를 동시에 표현하면 돼요. 가령 이렇게 말하는 것도 방법이죠.
> "사정이 있어서 부탁을 들어줄 수는 없어. 그런데 칭찬은 고마워. 너 말대로 나는 괜찮은 아이야. 그리고 나는 갈수록 더 좋은 아이가 될 거야."
>
> 나라면 어떻게 말할까요?

비판을 숨긴 칭찬도 나쁘다

- 헤라클레스와 팅커벨 -

마지막으로 칭찬에 담기면 안 되는 가장 위험한 것을 알려줄게요. 바로 비판이랍니다. 비판이 칭찬에 담기면 그건 칭찬의 의미를 완전히 상실할 수 있고 때에 따라서는 상대방에게 상처 줄 수도 있어요. 칭찬 초능력이 완전히 힘을 잃어버리는 거랍니다. 헤라클레스와 만난 팅커벨의 이야기를 보면서 왜 칭찬에 비판이 담기면 안 되는지 알려줄게요.

그리스 신화에서 헤라클레스는 가장 힘센 사람이에요. 그의 힘이 무척 강하다는 건 네메아의 사자를 이긴 데서 알 수 있지요.

네메아라는 곳에 사는 이 사자는 사람들을 잡아먹는 무서운 녀석이었어요. 이 사자를 잡기 위해 용감한 사람들이 여럿 나섰지만 실패했지요. 사자에게는 세 가지 강력한 무기가 있었던 까닭에 천하무적이었어요. 먼저 이빨의 힘이 아주 강력했어요. 사자가 물면 바위도 부서질 정도였죠. 두 번째로 발톱은 날카로워서 군인들의 갑옷을 종이처럼 찢었고요. 사자의 마지막 무기인 황금 가죽은 아무리 활을 쏘고 창을 던져봐도 소용이 없었어요. 황금 가죽은 그 어떤 공격에도 뚫리지 않았거든요.

 헤라클레스는 사자 굴을 들어가 맨손으로 맞서 싸웠어요. 아무리 헤라클레스라도 사자를 이길 수 없을 거라고 많은 사람이 예상했지만 몇 시간 동안 뒹굴면서 싸우다가 결국 승리한 것은 헤라클레스였어요. 그는 사자 발톱으로 목걸이를 만들고, 사자 가죽을 벗겨 어깨에 둘러메고 다녔어요.

 사자만이 아니었어요. 나중에 헤라클레스는 머리가 여러 개인 괴수 히드라를 없앴으며 최강의 멧돼지와 맞붙었고 여전사 아마존 부족과도 싸워 이겼어요. 그렇게 연달아 승리했기 때문에 헤라클레스는 가장 힘센 사람으로 기억되고 있어요.

 어느 날 헤라클레스는 뜻밖의 손님을 맞았어요. 팅커벨이 찾아온 거예요. 팅커벨은 피터팬의 친구로 손가락만큼 작고 앙증맞은 요정이에요.

 "안녕하세요. 저는 팅커벨이라고 해요. 힘세고 정의로운 아저씨를 뵙고 싶어서 찾아왔어요."

 헤라클레스는 칭찬을 들으니 기분이 좋아서 칭찬으로 보답하기로 했어요.

 "고맙다. 너는 성격이 참 밝구나. 소문하고는 전혀 다르네."

 말은 들은 팅커벨은 금방 표정이 굳어지더니 뾰로통해져서 고개를 휙 돌렸어요.

당황한 헤라클레스가 물었어요.

"왜 그러니? 내 말이 기분 나쁜 거야?"

"아무것도 아니에요. 그런데 아저씨가 저를 어떻게 아시나요?"

"『피터팬』을 읽었으니까 알지."

"와. 대단하네요. 아저씨가 글도 읽으실 수 있나요?"

"뭐?"

"저는 아저씨가 힘만 센 줄 알았거든요…."

그 말을 들은 헤라클레스도 토라진 표정으로 고개를 획 돌렸지요.

얼마 동안 침묵이 흘렀고 두 사람은 기분이 상한 표정으로 인사도 없이 헤어지고 말았어요.

헤라클레스와 팅커벨은 기쁘게 만났다가 불쾌해져서 헤어졌어요. 왜 그랬을까요?

먼저 헤라클레스가 말실수했어요.

"너는 성격이 참 밝구나. 소문하고는 전혀 다르네."

이렇게 말한 게 잘못이에요. 그 말속에는 나쁜 뜻이 있기 때문이에요. '네가 성격 나쁘다는 소문이 있더라'라는 뜻이 숨겨져 있으니, 팅커벨이 토라질 수밖에 없지요. 그리고 삐진 팅커벨은 참지 못하고 공격하고 말았어요.

"와. 대단하네요. 아저씨가 글도 읽으실 수 있나요?"

이 말은 칭찬인 듯하지만, 칭찬이 아니에요. 여기에도 나쁜 뜻이 있어요. '나는 아저씨가 힘만 세고 글을 못 읽는다고 생각했어요'라는 뜻이 숨겨져 있기 때문이에요. 그런 말을 듣고 기분 좋을 사람은 없겠지요.

두 사람은 서로 비판을 숨긴 칭찬을 했어요. 이건 잘못된 거예요. 나쁜 뜻이 없는 산뜻한 칭찬을 해주는 게 옳아요.

❶에는 소문이 좋지 않다는 비판이 들어있어요. 헤라클레스는 ❷로 말했어야 해요. 그랬다면 팅커벨이 기분 나쁠 이유가 없겠죠. 오히려 고마운 칭찬을 듣고 무척 기뻐했을 거예요.

팅커벨도 말을 바꿔야 해요.

❶에는 헤라클레스를 무시하는 비판이 숨어 있어요. 글도 못 읽는 사람처럼 보인다는 속뜻 때문에 헤라클레스는 불쾌했던 거예요. ❷가 진정한 칭찬이죠. 비판이 전혀 들어있지 않아서 듣는 순간 유쾌해지는 칭찬이기도 하답니다.

안타깝지만 비판을 숨긴 칭찬은 현실에서도 자주 들려요. 예를 들어볼까요. 사랑스러운 딸이 유명 아이돌의 춤을 완벽하게 따라 하는 데 성공하자, 이를 지켜보던 아빠가 칭찬했어요.

"놀라워라. 우리 딸, 생각보다 잘하네."

그 칭찬의 문제점은 무엇이고 어떻게 고치는 게 좋을까요?

"생각보다 잘하네"는 기분 나쁜 칭찬이에요. 왜냐하면 "나는 네가 못할 거로 생각했다"는 비판의 뜻이 숨겨져 있기 때문이에요. ❷가 산뜻한 칭찬이죠. 아빠는 ❷라고 하면 좋았을 거예요.

그런데 옆에 있던 엄마는 또 아빠와 다른 칭찬을 했어요.

"와. 우리 딸. 잘했어. 기대보다 훨씬 잘했어."

이 칭찬도 왠지 기분이 나빠요. 무엇이 문제일까요?

❶에는 "네가 잘할 거라고 기대 안 했다"는 뜻이 숨어 있어요. 그렇게 깎아내리면 들었을 때 행복한 칭찬일 수가 없어요. ❷는 부정적 뜻이 없어 깔끔한 칭찬이에요.

이번에는 친구끼리의 대화에요. 친구가 나를 도와줬어요. 그런데 나도 모르게 이렇게 말하고 말았어요.

"고마워. 그런데 너 웬일로 착한 일을 다 하니?"

이 칭찬은 왜 진정한 칭찬이 아닐까요?

비판을 품은 칭찬이기 때문이에요. "너는 평소에는 착하지 않다"는 말을 숨겼으니까 듣는 친구는 속상해요. "역시 너는 착한 친구야. 감동했어"라고 하는 게 훨씬 좋아요.

아래는 학원 선생님의 칭찬이에요. 한 어린 친구가 산더미 같은 숙제를 다 해왔어요. 선생님은 기쁘게 웃으시며 좋은 뜻으로 이런 칭찬을 하셨지요.

"훌륭하다. 그런데 어제도 이렇게 잘하지 그랬어."
이 칭찬을 들은 어린이는 기분이 좋을 수 없었어요. 왜 그럴까요?

❶은 쓴맛 나는 아이스크림이에요. 겉은 칭찬 같은데 들으면 기분이 좋지 않아요. 그건 비난이 숨어 있기 때문이에요. "왜 어제는 숙제를 다 하지 않았니?"라고 야단치는 것과 다르지 않아요. ❷에는 비난이 없어요. 사람을 행복하게 하는 순수하고 상쾌한 칭찬이지요.

칭찬 연습하기 16

1. 내가 춤 연습을 열심히 해서 학교에서 상을 받았어요. 많은 친구에게 박수를 받았는데 한 친구가 이렇게 축하했지요.
"너 상을 받았다며? 축하한다. 너는 참 운도 좋네."
기분이 개운치 않은 축하였어요. 어떻게 대답해야 좋을까요?

> 친구의 말은 진정한 축하도 진정한 칭찬도 아니에요. "너는 운이 좋아서 상을 탔다"라는 뜻이기 때문이에요. 그럴 때 침묵하지 말고 내 뜻을 밝히는 게 좋아요. 이를테면 이렇게 말할 수 있어요.
> "운도 좋았지만 나는 열심히 연습했어. 상 받은 건 노력한 결과라고 나는 생각해."
>
> 나라면 어떻게 말할까요?

2. 친구가 헤라클레스와 비슷한 말을 했어요.
"너는 성격이 참 좋다. 내 생각과는 완전 딴판이야."
기분 좋은 말이 아니에요. 이런 말에는 어떻게 대응할 수 있을까요?

> "칭찬해줘서 고마워. 그런데 나에 대해서 어떻게 생각했니?"라고 말할 수 있어요. 그리고 이렇게 덧붙여도 좋아요. "나는 단점도 있지만, 장점도 많아. 내 장점이 뭔지 말해줄까?"
>
> 나라면 어떻게 말할까요?

펴낸날 2025년 4월 1일

글 정재영
그림 채인화
펴낸이 주계수 | **편집책임** 이슬기 | **꾸민이** 이슬기

펴낸곳 밥북 | **출판등록** 제 2014-000085 호
주소 서울시 마포구 양화로 156 LG팰리스빌딩 917호
전화 02-6925-0370 | **팩스** 02-6925-0380
홈페이지 www.bobbook.co.kr | **이메일** bobbook@hanmail.net

ⓒ 정재영, 2025.
ISBN 979-11-7272-043-8 (73190)

※ 이 책은 저작권법에 따라 보호받는 저작물이므로 무단전재와 복제를 금합니다.